释证严 讲述

三十七道品偈诵释义

复旦大学出版社

【序言】
依教奉行

释证严

信仰要正信,行道要正行。我们信仰佛法,走入佛法中心,行在菩萨道上,就是要一心一意实行佛陀的教法。佛法中最基础,也是学佛者不可或缺的即是"三十七道品"。三十七道品,又称三十七觉支、三十七菩提分、三十七助道法、三十七品道法,是为追求智慧,进入涅槃境界之三十七种修行方法。循此三十七法而修,即可次第趋于菩提,故称为菩提分法。

三十七道品可分为七科:

第一科:四念处,又作四念住,即观身不净、观受是苦、观心无常、观法无我。

第二科：四正勤，又作四正断——已生恶令永断、未生恶令不生、未生善令生、已生善令增长。

第三科：四如意足，又作四神足——欲如意足、念如意足、进如意足、慧如意足。

第四科：五根，根即能生之意，此五根能生一切善法，分为信根、精进根、念根、定根、慧根。

第五科：五力，力即力用，能破恶成善，包含信力、精进力、念力、定力、慧力。

第六科：七觉支，又作七觉分、七觉意——择法觉支、精进觉支、喜觉支、轻安觉支、舍觉支、定觉支、念觉支。

第七科：八正道，又作八圣道、八道谛——正见、正思惟*、正语、正业、正命、正精进、正

---

* 思惟：同"思维"。——简体字版编者注

念、正定。

《维摩诘经》中提到"三十七道品"是趋向菩萨净土的法门路径,对于学佛者,无论是自修或利他,都不能离开三十七道品的教育。三十七道品是在家、出家修行者切实能行的大道,不只是用在口头上,更能实践于行动中,身体力行,达致世界净化的终极目标。

所谓"助",就是帮助我们认识佛法,进而将佛法的精髓运用在日常生活中。这三十七种通往真理的道路,引领着学佛者深刻体认佛陀的精神指引,进一步发心立愿"以佛心为己心",开发自我的智慧。

佛法生活化的运用,归结来说即是"诸恶莫做,众善奉行",短短的八个字,文浅而言深。凡夫在人间,日常的起心动念难保没有偏邪,思想观念上的一念偏差,言语动作就造作出诸般恶业,恶业恶因轮转不息,恶缘恶果便永无宁日。

有了三十七助道法以为指路明灯,广大的学佛修行者,就能时时生起警惕,观四念处、行四正勤以统摄杂乱心,以七觉支、八正道的智慧冲破无明暗钝,圆满大圆镜智,乘般若舟安渡生死之河,达至涅槃彼岸。

感恩王端正居士及郭孟雍教授的用心,不畏烦劳数次读览拙著《三十七道品讲义》,然后撷取其中要目以为歌词,配上优美而振动人心的乐曲,成为一曲"三十七助道品"偈诵。曲调悠扬,意味可浅可深,端视听者的用心。以歌曲来唱,况味不落凡尘且余音缭绕;以"佛典偈诵"视之,广袤之意境,深刻动人又切实能行,因此不失为"以歌曲深入人心"之方便法门。

慈济法门的立愿,无非是遵从佛法的教义而深入社会,再以种种方便接引众善男子、善女人,唯盼净化人心,祥和社会,祈求天下无灾难。人间的净土在人心,人心清净有爱,身心苦难的众生就有希望,就能得救。

慈济人用爱铺着路走过来,这条道路即是承自二千多年前佛陀教示之道——三十七助道法。佛陀的教法大家应该时时共修,这首三十七助道品的歌曲,则能帮助大家熟悉其中之精髓,时时唱念,刻刻不忘,但盼诸君时时提高警觉,正视人生无常,发心发愿自助助人,祈愿众生得离苦,大爱包容地球村。

志求佛道者依教奉行,庶乎不空过此生。

三十七道品偈诵释义

《序　言》**依教奉行**

前言 ———————————— ㉖

《第一行品》 **四念处** ———————— ㉙

《第二行品》 **四正勤** ———————— 87

《第三行品》 **四如意足** ——————— 119

《第四·五行品》 **五根五力** —————— 141

《第六行品》 **七觉支** ———————— 161

《第七行品》 **八正道** ———————— 183

结语 ———————————— 205

三十七助道品纲目

四 念 处——观身不净、观受是苦、观心无常、
观法无我

四 正 勤——已生恶令永断、未生恶令不生、
未生善令生、已生善令增长

四如意足——欲如意足、念如意足、进如意足、
慧如意足

五　　根——信根、精进根、念根、定根、慧根

五　　力——信力、精进力、念力、定力、慧力

七 觉 支——择法觉支、精进觉支、喜觉支、
轻安觉支、舍觉支、定觉支、
念觉支

八 正 道——正见、正思惟、正语、正业、正命、
正精进、正念、正定

《佛典偈诵》三十七道品偈诵释义

四念处

【观身不净】

人生在世几十年,何必斤斤来计较;
了解自我入经藏,天堂地狱在瞬间;
九孔常流不净物,色身犹为载道器;
身怀宝藏不相识,转污染为清净身。

【观受是苦】

人生叹苦苦何在,亲身入苦去感受;
用心来观受是苦,才能了解何谓苦;
浮生如梦可成真,苦乐忧欣总是幻;
情与无情同有受,无不在于感受中。

【观心无常】

心念所生称为生,心念执著就是住;
反恩为仇称为异,善念灭除就是灭;
观心无常有四相,专一心思来观察;
了解人性入经藏,生住异灭在其中。

【观法无我】

有色无色皆是法,众生皆为法所困;
六根六尘蔽真心,莫使无明驴乱意;
磨砖焉能做明镜,自家宝藏善珍摄;
透彻宇宙万物理,观法无我唯心造。

四正勤

恒持刹那四正勤,勤须不偏道乃行;
一勤已生恶念断,二勤未生恶不生;
三勤未生善令生,四勤已生善令增;
正能破邪力万钧,勤可助道展鹏程;
害人之心不能有,知罪肯忏可重生;
行善之念不可无,从来善道在助人;
无缘大慈平等爱,同体大悲智慧心;
红尘自古苦偏多,四勤拂拭莫染尘。

四如意足

欲念进慧四如意,具足圆满道业立;
欲如意足贵发愿,愿大志坚菩提现;
念如意足在诚正,诚正信实道可证;
进如意足当正勤,拔苦与乐重力行;
慧如意足济苍生,慈悲喜舍放长情;
四如意足系一心,心净一切国土净;
烦恼一念动三千,三千一念由心牵;
毫厘之差谬千里,体解大道无量义。

五根五力

【信根（力）】

信为道源功德母，长养一切诸善根；
正确信仰根必在，稍有偏差误前程；
无相之相是实相，无所求心是道心；
信解行证不偏离，成佛之道方可期。

【精进根（力）】

我修行是我所得，你用心是你所得；
行兹在兹一念心，把握时间正道行；
凡夫地到佛境界，努力精进不停歇；
有信更要求精进，用心用心再用心。

【念根(力)】

一切举动一念心,治心守意于未萌;

度人先从救心起,培养一分仁德心;

一念含融三千界,守住最初一念心;

万法皆出于一念,多向正道念力行。

【定根(力)】

专一心思求正道,心不散乱就是定;
念兹行兹戒定慧,坚固一念初发心;
挑柴运水无非道,行住坐卧皆是禅;
若将佛法生活化,历历昭然心目间。

【慧根(力)】

智为分明知解心,世间色法分得清;
慧光遍彻天与地,平等大爱众生心;
人人与佛皆平等,佛在自心不远求;
智慧根源四念处,处处当念福慧修。

七觉支

【择法觉支】

观察诸法用智慧,选择教法来修行;
大乘三法善抉择,上求佛道化众生;
学佛要求于内心,分辨是真或是伪;
学习佛陀大悲心,修得七觉正道行。

【精进觉支】

心若专一无杂念,力行正道不间歇;
名利地位都虚幻,善能觉了修道法;
有情众生烦恼多,情难断而爱难舍;
四无量心无间断,分分秒秒精进中。

【喜觉支】

有理有道是真法,心得善法生欢喜;
为佛教而为众生,终此生而志不忘;
慈济精神古来有,复古佛陀再世时;
亲身力行佛真理,体悟真法得欢喜。

【轻安觉支】

有形无形都烦恼,起心动念也烦恼;
患得患失来罣碍,千头万绪总烦恼;
心专意解除烦恼,心若能定则轻安;
断除诸见烦恼时,上乘佛界没烦恼。

【舍觉支】

日常生活执著心,舍离所见念著境;

心病还需心药解,把握现在是道心;

人生犹如走绳索,甘愿来做欢喜受;

看得开来想得远,专心一意向前行。

【定觉支】

心住一境不散乱,欢喜自在心能定;

诸禅不生烦恼念,禅在生活日用间;

慈济世界感恩心,爱为天下众生生;

全力奉献无所求,坚定心意道中行。

【念觉支】

一念之心动三千,起心动念刹那间;

相入于心想生思,慈济世界为众生;

但愿众生得离苦,大爱包容地球村;

把握因缘种福田,修成正果在眼前;

但愿众生得离苦,大爱包容地球村;

把握因缘种福田,修成正果在眼前。

八正道

【正见】

心正行正修行人,修行要修无漏道;

心境佛境合为一,真空妙有无上道;

一勤天下无难事,贡高我慢烦恼生;

苦集灭道四谛法,真正宁静是涅槃。

【正思惟】

四谛十二因缘法,三无漏学戒定慧;

用心力行闻思修,累积福缘与慧业;

人在六道中受苦,反复轮回无明起;

如是因缘如是果,日常生活正思惟。

【正语】

最易造业因是口,开口动舌都是业;
远离虚妄不实语,缺角杯子视为圆;
心存道念智慧生,最终目标是修行;
一句戏言种因果,无漏智慧摄口业。

【正业】

修身养性来学佛,培养耐心与耐性;
心正念正见解正,无漏智慧修摄身;
道业常在正道中,断除一切邪妄行;
回复清净的本性,娑婆世界好修行。

【正命】

修学佛法要正命,守本分抱欢喜心;
有缘感触求真理,回归本性见十相;
学佛要去妄回真,一理通则万理彻;
出自内心本分事,正命慧命自然现。

【正精进】

戒中修定定成慧,专心一意在成佛;
道心不可来间断,发心力行有恒心;
禅在日常生活中,走入众生群中去;
一勤天下无难事,守志奉道正精进。

【正念】

多散众生数息观，多贪众生不净观；
多瞋众生慈悲观，愚痴众生因缘观；
多障众生念佛观，基础在于戒定慧；
请转逆缘为善缘，行兹在兹有正念。

【正定】

摄诸心念正定法，心不移动能静定；
心静定则道能通，正信才能够正定；
万法本来无所住，正住真空道理中；
动静皆寂为贤相，正确修行菩萨道；
慈济世界感恩心，爱为天下众生生；

但愿众生得离苦,大爱包容地球村;
大爱包容地球村,大爱包容地球村。

前 言

要创造幸福的人生,唯有从人心起,人人的心念净化,能够做到日日向善,这就是人间的净土。所以人间的净土,一定要人人共同来创造。

智慧是人人与生所具,只因一分杂念,灵觉的本性为愚痴无明所遮蔽,清净光明的智慧便如明珠蒙尘。烦恼垢恶着心,浑浑噩噩中虚度一生,到最后如何是个了局?唯有当下皈投正法,坚持至诚的一念初发心,一路精进不退转,如此行来,有朝一日必得垢去明存,尘尽光生。

过去,总有太多的妄想,生活中许多的期待盼望,原本亦是人生前进的动力,但是随着人间欲念横肆,妄想执著纷飞,人心单纯的希望早已染上许多色彩。妄想太多,就有所求不得的痛苦,但是痴昧的凡夫心,明知欲望难求,心念却是不断往外贪取。到头来,浮生若梦一场空,虚幻妄想却不善罢甘休,仍要随着业识流转不息、牵缠不断,一直到来生来世,生生世世。

除却烦恼牵缠的首要之务,是转变我们的妄想心,使其回归灵明的觉性,明明觉觉,没有虚妄的追求。佛陀一再殷殷叮咛:"守住本心,老实修行。"若能人人勤守本分,老实修行,就不会有这么多妄想贪著,杂念散心。

学佛,本来就是要清净我们的心性。有的人所追求的修行,是找一个远离人群的地方独修,以为这样就是无所求的清净,事实上,佛陀的教法指引我们,更重要的是"行入娑婆,广度众生"。娑婆世界红尘滚滚,对志求佛道者来说真正是修行的大道场,能深心抱持出世的精神,顾守好自我清净的慧命,舍去贪染愚痴的心念,就能破茧重生,行化人间自度而度人。

"将此深心奉尘刹,是则名为报佛恩",但愿诸上善人皆得以此出世脱俗之心,投入红尘万相之中,于众生群中做提灯照路人,缔造慈悲济世之光明世界,共植福慧净土。

《第一行品》四念处

观身不净

观受是苦

观心无常

观法无我

《第一行品》四念处

【观身不净】

> 人生在世几十年,何必斤斤来计较;
> 了解自我入经藏,天堂地狱在瞬间;
> 九孔常流不净物,色身犹为载道器;
> 身怀宝藏不相识,转污染为清净身。

很多人认为,学佛是很深奥的法门,那么深,路又那么长,到底要从哪一条路入门呢?其实,佛法是最平易近人的,佛法也是为众生所施设的,佛法最亲近人生。只是,我们要用什么方法,才能使我们的心与佛法相契?

我常说，佛法要生活化，真正地做到在生活中不离佛法，即能契合众生千差万别的根机。众生有八万四千不同的根机，思想理念皆不尽相同，所以佛陀运用智慧，开启种种方便法门，能适合各人不同的需求，使佛法与我们的生命及生活同行，这叫做佛法生活化。

"三十七道品"的内涵能契合众生不同的根机，与我们的生活息息相关，无论是上根利器之人，或是下机钝根之者，都能在这三十七菩提法中得到启示。三十七助道法，无非是教导我们如何发心，如何解开人生的迷惑。我们能清楚明朗地处在混乱恶浊的世间，心地清净不受迷惑，远离颠倒梦想，就能一步一踏实地趋向究竟的佛道。

三十七道品的第一科即是"四念处"，指的是集中心念于一处，防止杂念妄想生起，藉以求得真理的四种方法。

人啊！"万般带不去，唯有业随身"，业，是从哪里造成的？就是我们的身体。人就是因为有这个身体，所以有贪、瞋、痴、慢、疑等等执著，因而造业不断，受苦不尽。我们要解脱这个苦境，首先要从四念处——观身不净、观受是苦、观心无常、观法无我，这四种自我观察做起。

我们要时时遇境观心，碰到什么境界，要好好以智慧往内自观。观，就是观想，也就是细心观察的意思，对外在境界的是是非非，我们要清楚明辨，在心中好好咀嚼后才得出结论，这是对境观境，细心地观察一切宇宙人生的道理。

佛陀是觉悟的圣者，心与道完全契合，不只是透彻大地宇宙的真理，同时也突破个人的生理，我们如果能用心去透彻、体会这个身体，就会看清这个臭皮囊是世间最最肮脏，最不清净之物，而且也是不常住的。

颠倒人生乐此身

"生命在呼吸间"，人的身体无非只是一层皮肤覆盖着，随着呼吸而存在，健康的时候，我们好好地照顾它，还算掩盖得住这个臭皮囊，但也只是暂时掩盖着。一朝呼吸一出不再进来时，整个身躯就会很快地败坏、腐烂，脏臭不堪。就算活着的时候，亦是"九孔常流不净物"，这些污秽恶臭的东西，无不是从身体产生。到底身体有什么可爱之处？其实没有什么可爱，但是偏偏有数不尽的颠倒人生，都是为了这个臭皮囊而计较，为了此身而造业。实在是不值得！

从出生以来，我们就开始对自己的身体生起种种执著。看看小婴儿呱呱坠地时，紧跟着放声大哭，因为离开母亲的胞胎接触空气，陡然间,如寒风刺肤、钻髓裂骨之痛,所以他会大声哭嚎。

等到适应了自己呼吸空气,污秽的身体也洗好了,就开始又哭着要索求乳汁。食欲,是小婴儿来到人间的第一种欲望,以此为起点,接着又有衣、住、行等等各形各类的欲望,一直到老死,欲望都不会停止。

欲念是人生的一大苦难,而人就是因为有了身体,连带跟着种种欲念纠缠不休。所以学佛,先得时时警觉我们的心念。四念处之"念"就是能观之智慧——常常思考身心的苦难,提起心念来探讨人生,这样才能开启我们的智慧,有智慧的人,即能探究世间万相,解脱人生的苦源。

"处"是所观之处境。要时时反观自己,我们天天对着外境,身心双方都有许多感受,是苦是乐,是欢喜抑或悲哀,这些感受、周围的境界都来自于这个身躯,所以老子曾说:"吾所以有大患者,为吾有身。"这个身体带给我们多少苦恼与障碍啊!因此四念处的第一种观法即"观身不净"。

随着寒暑气候的转变,我们的身体也要接受变动中的各种不适。身体的苦,大气热时汗流浃背,一天不洗澡就忍受不了那种黏腻汗臭;天冷时,身上的热气容易流失,稍不注意,就不免感冒咳嗽,鼻涕多痰,呕吐不净之物。

人身一不调和,什么脏东西都会从身上产生出来,实在让人觉得很痛苦。尤其我们看到意外事故中,皮破骨断的,伤口散发出恶臭,原本看似健康美丽的外表,也可能变形丑陋。脸色变黄、身体水肿、肚腹肿大、手脚变形,这些疾病的形态只要到医院里走一圈,就能切实感受到那分痛楚无奈。

所以"观身不净",了解人生的一切苦难,不脱离身体的造作,即不再一味贪恋世间的种种欲念,就能好好把握有用之身,付出自己的良能。

苦障消除心自在——黑牛报恩

付出的同时,苦恼与障碍也消除了,我们的心灵就能得到自由。以智慧之眼,用超越的精神来看待这个身体,便不会有那么多计较的心,人与人之间的关系永远都是和乐安详。

在佛陀的本生经里,就有一段温馨的故事。

从前,在一个山边的小乡村里,来了一位流浪人,他身无分文,唯一的财产就是一头刚出生的小牛。山村里住了位老婆婆,看到这位疲惫的流浪人,觉得他很可怜,就对他说:"我的房子可以给你住,你付多少钱都没有关系,欢迎你在这里安定下来。"这位流浪人很感激,就留了下来。

过了一段时间,他的生计还是没有着落,根本无法付房租,尽管老婆婆并不计较,他自己却觉得不好意思,就将小牛留下来,趁着夜里离开了。老婆婆发现流浪人已经离开,留下了小牛,她起了怜悯心,就很细心地照顾这头小牛。小牛在老婆婆如母亲般的照料下,一天天地长大了,成为毛色美丽、体力又强壮的牛。

有一天,一群商人带着五百辆车的货物经过这个小乡村,因为山路坎坷,拖车的牛都很疲倦,走到这里又要渡河,这些牛都已经没力气了。商队中专门照顾牛只的人,看看情况不对,就想:这个地方应该也有牛群,我应该去找些强壮的牛来替换。结果在乡村的牛群中,发现一头毛色漂亮,体格又特别强壮的牛,他就问牧牛的孩童这头牛的主人是谁?牧童说:"主人不在这里,你需要就牵去用吧!"

商人们听了就过来拉牛,却拉也拉不动,这位照顾牛只的人好像了解牛的想法,就对牛说:"你来帮忙拖车,我会给你酬劳。"就开始喊价,一直开价到一千块钱,这头牛才往前移动。他们将牛轭放在牛肩上,牛就将一辆辆的车拖过河,短短的时间内,五百辆车都拖好了。商人们很欢喜,就用一条绳子串了五百块钱,挂在牛的脖子上,然后准备继续上路。

当商队再度启程时,这头牛就奔到队伍之前挡住去路,而且怎么拖它都拖不动。相互拉扯了半天,后来还是管理牛只的人出面调解:"各位,人不能欺骗畜生。我们既然答应给它一千块钱,就要依言履行,还是赶快再补上五百块钱吧!"商人们莫可奈何,只得再补上五百块钱挂在牛脖子上,说也奇怪,这头牛就乖乖地让开了,商队也顺利地出发。

牛儿得到一千块钱酬劳,一副快乐的模样快速奔跑回老婆婆的住处,牧童们也好奇地跟着它跑回家。回到家,老婆婆看到它脖子上挂着这么多钱,瞪大了眼睛望着它,想不出到底发生了什么事?牛儿当然是无法回答,但是身旁的牧童早已七嘴八舌、比手画脚地,将经过告诉了老婆婆。

老婆婆听了,马上搂住牛儿说:"'妈妈'知道你的意思,你看我老了,想要赚钱分担我的工作是吗?我的好孩子,下次别再这样了,生活过得去就好。你今天工作得这么辛苦,妈妈好心疼啊!"

佛陀说了这则故事,提醒我们知足最大富,

感恩的人生最美丽。看看善良的老婆婆,她的悲悯心普及陌生人与动物,而万物有情,连牛儿都懂得回报。所以说"人生在世几十年,何必斤斤来计较",什么事都能看得透彻,知道此身不清净,还有什么好计较的?不如善加利用这个不清净的身体,来超越凡夫的限制,达到圣人的境界,"了解自我入经藏,天堂地狱在瞬间",由凡转圣就在一个心念的转变之间。

环保回收做道场

"身怀宝藏不相识,转污染为清净身",我们现在推动环保回收,都会说资源回收、废物利用。将这个理念运用到我们身上,何不就把不清净的身体废物再利用,转污染为清净的道身——清净载道之身。

中国的儒教注重修身,但是佛教的教育则

是指导我们要修心,心不好好自省,好好自我观察,却要从身外去了解,等于是缘木求鱼,了不可及。所以,三十七助道法的第一项,就是要我们在日常生活中用心,好好地省察人身的不清净。

水能载舟,亦能覆舟,身体受限于欲念,会引发很多恶业;若能透彻身体的限制,去掉私欲,将身心奉献于广大的众生,此身则是修行的载道器。"九孔常流不净物,色身犹为载道器",身内的污秽就如同我们造作的恶业,做恶造善取决于迷悟之间,一旦清净本心,去垢存明,这个色身仍是成道的利器。

藉形体以修心,藉形体行菩萨道,藉形体为人间付出。在付出中,使我们心无挂碍,身心轻安,这就是造福修慧,用我们的身体来创造净土,植福人间。

【观受是苦】

人生叹苦苦何在,亲身入苦去感受;
用心来观受是苦,才能了解何谓苦;
浮生如梦可成真,苦乐忧欣总是幻;
情与无情同有受,无不在于感受中。

春夏秋冬四季的变化,在冷热或晴、雨的气候转变中,不时给人各种"感受"。春来时,气候宜人恬适,不冷也不热,大地草木都很繁荣,放眼所及一片青翠,大地一片绿油油,百花盛开,给人温和又适宜的感受。

夏日时,烈阳当空,气候炙热难耐,走在外面禁不起日晒就汗流浃背,全身灼热欲焚,好不容易回到家里,非得赶紧大开冷气,以人工的方式得到清凉。但是忽冷忽热之下,难免身体调和不过来,又病状丛生,真是苦不堪言。

到了秋天,树叶枯黄飘零,大地一片萧瑟,这也是一种感受,让人感觉一切的希望逐渐消失。过了秋天,就是冬季的来临,冬雨苦寒,令人恨不得也学着动物冬眠,藉以度过寒冬。总之,大自然的气候变化,带给人不同的感受,而这些感受中,总也是苦多乐少。

放下感受——寒夜敲板声

在精舍的修行道场里,每天早上三点多、四点不到,便要早起上殿课诵,念佛发愿,坚固这一日为众生付出的心志。在寒冷的天候中,听到"叩!叩!"敲板的声音,心中不免立即生出一种感受:外面这么冷,被窝这么温暖,还这么早,想要掀开棉被,也会有一点挣扎。其实这种感受虽是如此,不过,对于心念坚定的人来说,要离开安逸的享受一点都不难,但是对重视感受的人而言，要他放下贪著温暖的意图而离开被窝，那就很难了，这就是感受对人所设的陷阱。

四念处的第二种方法——观受是苦。"感受"的确是一件很奥妙的事，佛陀的教育，也是教我们平时要如何调伏这些起伏不定的感受。我们的感受不离"乐受、苦受"，乐受中有"喜受"，苦受中有"忧受"，另外有不喜不乐之受，这都属于感受的范围，称为"五受"。

看看世间的女子，她们为了身体的感受，时时要逛委托行，精心挑选美丽的服饰，不惜金钱买下各种五颜六色的衣衫，心中想着穿上这些名流服饰时，就像彩蝶飞舞般地令人羡慕，愈想就愈是快乐。

这些人总喜欢花下大笔金钱购买最昂贵的服装，认定最贵的就是最好的，而且是最风光的。记得几年前，我们有一位委员家里就是开委托行,她常常进出国门,到外地买回各种名牌服饰。她说这些买回来的衣服挂了出来,价钱都要标得很高,一件衣服就要几万元,挂上去之后,马上就有人买走了。

曾有一件衣服,她标价七百元,结果放了半年,有的人看到是七百元就拿起来又放回去,有的人根本连看都不看一眼,放了很久的时间都卖不出去。她觉得很奇怪,这件衣服是打过折扣的,为什么大家看了之后都再放回去呢?

虚荣心态——最美的服饰

后来有一位也是开委托行的同业,就告诉她:"你错了!想要把衣服很快地卖出去,不是把价钱降低,而是把价钱提高,很快就会卖出去了。"

她觉得这怎么可能呢!同业就说:"不相

信,那你标了价钱看看。"原来标价七百的衣服,换成五千元的标签。不料,早上标上去,下午就被人买走了。那一年,我们正筹建花莲慈济医院,在一二十年前,五千元已经是很大的数目,但是一改标价钱,下午就卖掉了。

隔天早上,这位委员送来四千五百元。她说:"师父,我有一件衣服本来是标价七百,半年了都卖不出去,后来改标五千很快就成交了。我心里觉得很不安,所以把四千五百元带来交给师父盖医院。"

所以,七百或五千,其实都是同一件衣服,但是用不同的价钱去买,穿的人感受就不同,价钱高似乎也提高了自己的身份,连看的人感受也会不一样,羡慕与嫉妒的心理油然而生。

知道了其中的机巧,才发现这样的心理真是可笑,可是我们不都是常常自堕陷阱,心理的感受时时不得自由,你想,这样苦不苦啊?为了一点虚荣,花费这么多也只是一时的满足,到底值不值得呢?

世间上有多少人为了满足所谓的感受,而迷失了自己,爱与恨亦都是在感受中。人生啊!人生的业力都不离开爱与恨,爱一个人的时候,这种感受是不是好过呢?常常看到因为求不得而由爱生恨的例子,那也是苦啊!

所以我常对慈济人说:"我们要发挥大爱啊!"爱人的人要爱得轻安自在,被爱的人就没有烦恼挂碍,这样的爱才是真正清净的大爱。假如都是那种自私占有的爱,实在是很苦,在社会上,多少凶杀、情杀、仇杀的案件,多少惨案都是在这种感受中造成的。

温馨之情——捐血与捐髓

不过,我们可以感受到慈济人的爱。像我们每日早晨的志工早会中,常常可以听到志工们分享温馨的个案,那种感受真好啊!也有志工上台报告,某一天急诊室突然接到一位病患,他因为欠债而被追杀,流了很多的血,送来急诊需要紧急大量输血。

医院发出广播,呼吁B型的人赶紧发挥爱心,这位志工听到了,刚好自己是B型,就立刻赶往检验室。到了那里,看到许多医师、护士和行政人员,已经有一大堆人大排长龙等着要捐血。这位志工就说,想到要救人,那种感觉真好!

慈济推动"骨髓资料库"的建立,帮助血癌病患增加一分生机,捐、受双方经过一年的时间后，可以在我们所举办的"骨髓相见欢"活动上见面。每年的骨髓相见欢，总是涌现许许多多生命交会的泪光，几十万人之中，才可能找到这么一个可以配对成功的人。

我常常说，全世界只有他能救他，大爱、大仁就有大勇，这些捐髓者很勇敢地把自己身上的髓奉献出来。看到原本奄奄一息的生命被救了回来，重回健康活泼的生活，现场的每一个人都为他高兴与祝福。就算没有救回来，受髓者的家人也一样来到现场，感恩捐髓的善心人士，因为他曾经带给他们无助的心一线希望，这已经是生命中最珍贵的礼物。

有一个小小的小男孩在接受捐髓后，头发变成和捐髓者相同的漂亮鬈发，血型也变得和捐髓者一样。你想，这不就是再造父母吗？当他们上台时，拥抱得紧紧的，在场的人无不感动拭泪,这种感觉真的很动人。相信捐髓人的心中,当别人有苦难的时候,能够及时去帮助他,一定也觉得救人的感受,真好!

所以感受的苦与乐,其实要看我们是以什么心态、什么行动来面对。世上的人常以自私的心去看待人事,而不是用爱与付出相互对待,难怪说"观受是苦",因为自私的背后总是所求不得,当然也就痛苦不断了。

苦乐忧喜——跟着感觉走

苦受是"五受"中最常见的感受,人生总是带业而来,受到层层苦难的障碍,这都叫做苦受。有一种感受则是"忧受",内心常常存在莫名的担忧,获得也苦,失去也苦,时时担心忧愁,这就是忧受。举一个实际的例子,有一位妈妈说:"其实我也很苦,很苦!为什么苦呢?我的苦,不是为了丈夫,不是为了环境,我有好丈夫,也有好环境,我的苦就苦在我的儿子很挑食,都不肯吃饭,两个儿子都瘦巴巴的。"

听到这个个案,我就想,环境太好的孩子常常都会这样,应该带他们到非洲埃塞俄比亚等地去住住看,肯定不用多久,回来后他绝对不敢说不吃饭。总之,这叫做忧受。时时有很多烦恼,走在路上,怕天会塌下来;走在山路,又担心山崩,这种很忧郁的感受,真的也不好过。现代有很多忧郁症的病患,这种人就是不乐观的人,很容易忧愁烦恼,这都属于忧受,是比苦受更深一层的感受。

"乐受"就是快乐的感受,比如好朋友许久不见,大家碰了面很快乐,可以大声叫,可以互相拥抱,这叫做快乐。"喜受"则比乐受要更深一层,离开了快乐的境界之后,内心还是保持着那分欢喜,有的人快乐到睡觉都会笑,那就是喜。

那种喜悦,尽管离开了当时的境界,事后只要一想到就会起欢喜心,我们常说"法喜充满",获得法益的喜悦,成为永生难忘的欢喜,因为欢喜的心态又能生出更大的力量,更加法喜无边。这就是喜受。

另一种是"不苦不乐受",明明其他人都很欢喜,你问他快乐吗?他会说,没什么感觉;别人明明受尽了苦难,你问他会不会觉得心疼?会不会替对方感到痛苦?他会说,我也没有感觉。这种不觉喜也不觉苦的感觉,就是不苦不乐受。

不苦不乐受,在日常生活中也常存在。没什么好快乐,也没有什么苦难的,只是很平淡的人生,不苦不乐。这种不苦不乐的人,有的时候他的人生就像一杯白开水,没有什么值得回忆。

这些都是"受",其实大家可以随时随地于人事物中去感受。总而言之,大部分的人生喜乐较少,苦、忧就比较多,所以才说"观受是苦",能观受是苦,才能进一步突破感受对我们内心的钳制。

提到乐受,人的一生是不是能永久快乐呢?答案似乎是相反的。常常听到不同的人抱怨不同的苦难,有的人虽然一时快乐,却也常出现"乐极生悲"的情况,看看新闻中常见的例子,有的人兴冲冲地出门旅游,却在途中发生意外,就此天人永隔,在生的家属悲痛欲绝,但是再也唤不回逝去的亲人。

慈济人每每在这样的情况中,迅速赶往安抚,因为"人伤我痛,人苦我悲"。这也都是一种感受。虽然伤在他的身上,他的感受是痛苦,其实受伤的人是肉体的痛,而看到的人则是出于悲悯之情而心痛。又像慈济人在日常中深入社区关怀,遇到需要帮助的个案,莫不是感同身受,对方受了很多苦难,虽然事情发生在他的身上、他的环境,但是我们的心替他悲苦,所以能化感受为实际行动,想尽办法减轻他的苦痛。

所以我们学道修法,要能跳脱是非。以极微细的智慧去观察,就不会动不动受到周围环境的影响,因而造成心灵的折磨。遇到人事问题时,不要将它当作是非,如果真的有是非时,也要当成教育,我们要懂得跳脱,懂得解脱。

感受,确实带给人生很多的困扰啊!社会上流行一句话——"跟着感觉走",这句话看似率性自在,其实可能隐藏许多危机。有一些不是很好的事,理智上也明知不可行,却因为感受的不断诱引,最后还是跟着感觉走,却不知走上了何种歧途。

透彻虚幻——公主的珠链

　　佛陀曾经举出一个小故事,来说明人心随着感受流转,之间所可能产生的荒诞结果——有一位国王,他有一个心爱的小公主,这位小公主生得伶俐、漂亮,年龄才六七岁。

　　有一天,宫女陪着她到花园玩耍。来到水边时,小公主看到泉水从高处往下流泻,在水面上产生许多可爱的水沫,一个个水泡被黄昏的太阳一照,现出了七彩颜色,一闪一闪的,真是十分美丽!

　　小公主看了满心欢喜,对这些美丽的水泡爱恋不已,就命令随侍的宫女说:"我要水中的泡泡,你们把水泡拿来给我。"但是水泡要怎么拿呢?手一碰就破了!可是小公主一直吵着要这个东西。宫女不知怎么处理,只好赶紧向国王报告。国王一听,亲自来到水池边对小公主说:"我的小公主啊,这些水泡没办法拿得起来呀!父王给你别的礼物,你要什么都可以。"

但是无论如何,小公主只是哭闹着要求拿到水泡,一连哭了好几天了,哭得国王方寸大乱,十分心疼,真是无法可想,最后只得盼望会不会有奇迹出现。国王于是贴出告示:有谁能拿出水中之泡,串成珠链者,可以要求任何的赏赐。

刚开始利字当头,许多人都前去尝试,但是谁也没有办法达成任务,将水泡取出串成珠链。任务失败的结果,国王下令一一惩处,而且随着小公主的吵闹愈来愈凶,国王的处罚也愈来愈重,在国王的命令下前往取水泡的工匠,几乎全被关入牢狱,全国上下惶惶不安。

后来,有一位老人自告奋勇,他来到国王的面前说:"我有办法把公主喜爱的水泡串成一条珠链。"国王听了十分欢喜,终于把紧锁的眉头稍稍舒展。但是这位老人对国王开出一个条件,他说:"要把水泡串成珠链很容易,只不过我无法选出公主所喜爱的水泡,能不能请求国王,让公主亲自来挑选,这样我就可以串出公主最满意的珠链。"

国王觉得有理,答应了老人的请求,小公主听说有人可以串成水泡珠链,也欢欢喜喜地来到池边。老人手上拿了一条细致的彩线,又把一个精美的小匙递给小公主:"公主啊,我已经准备好了,现在看看公主喜欢哪一颗水泡,用这个小匙捞起来,我就可以为你串成美丽的珠链了。"

小公主很用心地挑选,一会儿就看到一颗

又大又圆,晶莹剔透的水泡,于是伸手去捞,"啵!"小匙一碰,水泡就破了。这个不成,小公主耐心地再试另一个,结果破了一个、破了两个,大半天的时间中,所有的水泡都被小公主碰破了。最后小公主累得把小匙丢在一边,停止了捞水泡。

这时老人当着国王的面问小公主:"公主啊!过了大半天了,你怎么没有选出水泡来让我帮你串呢?"小公主也抬头看看国王,就对国王说:"父王,水泡根本就捞不起来嘛!怎么可能串成链子呢?我不要水泡珠链了。"听了公主的回答,国王终于松了一口气。

这位智慧的老人接着观机逗教:"公主啊!哪怕美丽的水泡真能串成珠链,那也不是世间最美的东西。世间最美的就是'知足',就是'感恩',内心的美才是世间真正的美,这是永远不会抹灭掉的。"小公主也很聪明,了解了求取不可得的东西是痛苦的。

佛陀说完这个小故事,就对所有的弟子说:"大家要知道观受是苦,世间的物质没有一样是永久的,但是众生愚痴,常常执著那是我所爱的,所以使我们苦不堪言。"

人生无常,人的感受亦若是,有时候无常一来,非但没有乐的感受,反而是悲哀的事。佛陀在此,殷殷教导我们心安的道理,把心安住下来,则一草一木皆是如来境界;任何时候,心的感受都会恬适自在,寂静悠闲。所以佛陀不断教导弟子,要好好将我们的心安住在寂静的境界中。

【观心无常】

心念所生称为生,心念执著就是住;
反恩为仇称为异,善念灭除就是灭;
观心无常有四相,专一心思来观察;
了解人性入经藏,生住异灭在其中。

佛陀解释人类心理的变化,时时都在生、住、异、灭四相中轮回不息,喜、怒、哀、乐、爱、恶、欲都是即生即灭,一个念头接着一个念头,永远没有暂停的时候。一下子想东、一下子想西,心猿意马,一刻都安定不下来,才生起一念精进的心,跟着又是一念懈怠,所以说"凡夫凡夫,反反复复",往往是发心容易恒心难,难怪与解脱之境渐行渐远。

总之,心念无常,有时会听到人家说:"我好感动,好感动!我很想要参与慈济。"旁边就有人说:"师父,他都是随便说一说。"我就会说:"他现在不是随便说,他是认真说,只是过了之后就忘记了而已,做不出来。"所以说不是无心,而是有心,只是做不到"把握当下,恒持刹那",这也就是心念无常。

要调伏住纷飞的心念,就从四念处的第三个方法——"观心无常"来入门。凡夫在六道三界中浮浮沉沉,有一句话说"爱河千尺浪,苦海万重波",这种人生的欲爱,好像千尺的浪潮滚滚而来,稍一不慎,就会被卷入黑暗的海底,被名利、地位等等所缠缚困扰。

浪涛拍击,灭顶之患

有时我们有了一点好因缘,获得善知识的引导,体会人生是苦,应该追求一个恒常的道理来安住我们的心,解开无明的心结。这些佳语善言我们听得进去,了解之后开始发心,跟着身体力行,做得欢喜又感恩。但是不是能一路向前无退转,步步精进不停滞呢?

能够一路永不退转的人,就像在大海中搭上了安稳的船只,随着灯塔的指引,加紧全速地往目的地驶去,就算是逆流而上,也终能到达彼岸。而禁不起浪涛的拍击,欲进还退犹豫不决的人,就在反复之中沉沦,难免灭顶的危机。

所以我们的心很重要,要时时自我观察警惕,不要受到别人一点声音,一点形色,就影响我们的道心。凡夫,总是在千尺浪潮中浮沉,茫茫不知方向,以致离岸边愈来愈远,"观心无常",这是大家要很警惕的。

观心无常,不是只叫别人去观,而是要自己常常自我警惕,我们的心是不是能恒持刹那?

凡夫之心无常,我们能超越凡夫,就是建构在志愿坚定的基础上。学佛最重要的是清净本心,将心中的烦恼清除,把善念培养起来,就能慢慢去恶从善,显露内心的大光明。

佛典中有许多对坚定心念的探讨。这里就有一段佛陀与弟子们之间的对话:某一次,佛陀讲说布施的意义,弟子们听了之后不是很明了,私底下就三三两两地讨论起来。

佛陀看到大家议论纷纷,就告诉他们:"如果有不明了的地方,你们可以提出来。"于是弟子中有人提出问题:"佛啊!您提到布施,要我们无所求地布施,要我们排开自我去付出,但是,我们又觉得:修行不是要断众生缘才能解脱吗?不断地布施,岂不是一直和众生攀缘不断,这样攀缘,还能了脱生死吗?"

了脱生死，地狱天堂

佛陀露出了慈霭的面容，解答大家的疑问："所谓的了脱生死，就是做到三轮体空无所求，付出之后轻安自在，没有布施的量、没有受布施者、也没有布施的人，不会把布施这件事放在心里成为烦恼。如果能做到没有得失烦恼，你就能解脱了。"一位弟子很快理解佛陀话中的含意，就说："我懂了！记得佛陀也曾经说过一个布施的故事，能够证明布施并非攀缘，而是三轮体空的自在。"佛陀点头微笑："来，将你记得的这个故事，再说出来跟大家分享。"

这位弟子就说："我曾经听佛陀说——累劫以前，有一位小国家的国王，他有两个孩子，一个非常善良，懂得礼让，又有大布施心能施与一切众生，凡事皆以利他为上，不执著自己的益处。另一个孩子则是贪得无厌,时时嫉妒哥哥受到人民的拥戴。"

这位贪心的弟弟担心哥哥的声望太大,将来王位肯定是哥哥所有,那么自己的势力不就受到威胁了吗？于是想尽办法陷害哥哥,后来哥哥知道弟弟不安心,就主动向国王提出要离开这个国家,到其他地方去参学。老国王万分不舍,但是太子一再请求,国王了解他的心意,自己也不愿意两个孩子为了王位起干戈,只好默许太子的决定,让他离开。

太子带着太子妃即将启程,谁知弟弟还不甘休,竟然阻止哥哥携带家产离开。他对哥哥说:"要出国游学是你自己的事,应该带着简单的行李就可以,这才是真正成就自己。"单纯的太子一点都不介意,反而认为:身无一物,就是身心自在轻安,这样确实不错！于是只带着家眷就离开了。

走出国门,他们先来到一处人烟稀少的山间安顿下来,男耕女织,过着知足而简单的生活,虽然刻苦,心中却很安然。经过一段时间,太子妃心想:虽然这种生活很安定,终究不是永久之计!太子则是想:我一直待在山上,少与人群接触,这要如何利益人群呢?我应该走入人群,才有机会帮助别人。这对善良的夫妻经过讨论之后,又决定离开山上,移居到聚落之处。

两个人辛勤地做着苦工,然而看到贫穷的人,他们同样竭尽所能布施。有一天,看到一个人昏倒路边,夫妻俩就把他带回家,照顾他的生活,为他延医治病,很快地,他们手头的钱都用完了。到了这步田地,夫妻俩还是无怨无悔,太子妃自愿卖身为奴,换取金钱去拯救这位病人。

当时,天神见到夫妻俩布施的大愿如此坚

定,觉得十分震惊而感动,决定要成就太子,对他做一个最后的试炼。天神化身为一个普通人,来到太子面前对他说:"像你过着这般刻苦的生活,牺牲自己来帮助别人,何苦呢?你可知道,我有一位朋友,就像你这样喜好布施为善,但是最后的结果又是如何呢?他堕入了地狱啊!我劝你还是顾好自己就好了,别再去做帮助别人的傻事。"

太子听了就问他:"你这位朋友救人之后堕入地狱,那么,请问那些被救的人后来怎么样了呢?"化身的天神回答:"被救的人啊!反而是得救了,后来都生到天堂了。"太子听了,脸上露出安心的笑容,他说:"只要被救的人能得救,皆得上生天堂,我一个人下地狱又有什么关系,这实在很值得啊!"

一时大地震动,化身的天神五体投地,顶礼

赞叹说:"您不愧是一位大菩萨、大觉者,处在五欲炽盛的环境中,心不受污染,道心坚定不动摇。能舍人所不能舍,发好愿救苦众生,'只为众生得离苦,不为自己求安乐',这的确是难行能行,很惭愧我还来试探你的道心,请接受我虔敬的贺喜与祝福,将来的你必定成佛。"

诸恶莫做,众善奉行

佛的弟子重述这段故事后,又请教佛陀:"佛啊!这段故事的含意,是否就是您平常时时教导我们的——'诸恶莫做,众善奉行'?"佛陀微笑点头:"没有错,一切的佛法旨要,都离不开这八个字。

"众生的颠倒,恶缘恶果就是由一念恶念所产生,这分恶念非常可怕,随着恶念而来的恶业,就是未来堕落地狱的根源。所以,比丘啊!

定要时时顾好这念心,不生恶念,更要时时精进,众善奉行,将复杂污浊的心念洗涤尽净,世间众生多苦难,你们要去为一切众生解除苦难。造一切善事,一切善业推动,就是真如本心的法轮转动,心善、法轮转,内心污染的恶念自然就消除了。

"能日日消除心中的恶念,人与人之间的是非烦恼自然断灭。这就是我长久以来所殷切叮咛的,任何一种法门,都不离开要人人诸恶莫做,众善奉行,自净其意,这就是我日常的教法。"这是佛陀对众生最真切的教育。

在以上这段对话中能够了解,心的确是最无常的,变动都只在刹那间,所以我常常说慈济人做慈济事,三十多年如一日,这实在也是不简单。每个人不只是把握当下,最难得的是大家恒持刹那,这是非常难能可贵的。所以"观心无常",每个人应该放下无谓的爱著,择善固执于初发之念,把握恒常立心行愿。

我们要好好地照顾好这一念心。

【观法无我】

有色无色皆是法,众生皆为法所困;

六根六尘蔽真心,莫使无明驴乱意;

磨砖焉能做明镜,自家宝藏善珍摄;

透彻宇宙万物理,观法无我唯心造。

四念处——观身不净、观受是苦、观心无常,以及观法无我。

世间有哪一件事物是永久的呢?名,是不是永久的呢?不是。财产、地位是不是永久的呢?也不是。一座房子盖得再富丽堂皇、坚固持久,住在里面的人是不是能永远存在?也不能。总之,人世间生灭无常,绝对没有什么是恒常不灭的,当然也就没有一个东西是我们永远拥有的,就连这个所谓的"我"亦非常住不变。

光说我自己,回首三十几年前刚开始推展

慈济志业时,我还很年轻,一眨眼,已经进入老年了,当时陪着我走过草创时期的慈济委员,有的人已经是八九十岁的高龄,有的人则已不在人世。

想当年,这些老委员的年纪,还不及我现在的年龄,一眨眼,他们已八九十岁了,是不是换成我已经走到他们当初的年龄!所以说来,真正的"我"在哪里呢?我是年轻的,还是老的?其实我还没老化之前,也是年轻的。到底年轻时的那个是我,还是老来的这个是我?事实上,以后还有更加老化的我。

总之,人生绝对没有"有我"之法,凡夫之所以错认有我,都是心念的执著使然。凡夫执著有我,所以,时时都有"我没空!""我责任负担很重!""我非常辛苦!""我比他能干,我比他……"很多的比较,心念时时处在此灭彼生的比较中,确实是很辛苦。

乞丐王子扮一回

佛陀的教育,指引世人修学佛法,去除我相,扫除人我是非的烦恼。人生就像一个舞台,站上了舞台,有时的扮相是乞丐,再换过戏服,又变成王子;有时扮英雄,有时扮书生。总之,一切的扮相不同,舞台上的动作、形态就不同,到底乞丐是我呢?或是王子才算真正的我呢?其实,万法唯心了不可得,根本没有一个真实的实我。

就像观赏魔术表演,看魔术师双手空空的,盖上一条手巾,一会儿就有小鸟飞出来。看的人想不透为什么软软的手巾中能飞出小鸟,不过变魔术的人可是心知肚明,其中不过是些障眼的手法而已。

记得在很久以前看到一则故事,地点是大陆乡下的一个地方,那时刚好碰上过年,田庄上的人正是农闲之时,大家就会利用过年期间从事一些娱乐。在年初时,他们有一个民俗,全村的人都要来到衙门外,向官员们祝福,道恭喜。

　　那一天,大家集中在衙门外,时间一到衙门开了,县老爷以及随从们都跟着出来。县老爷在预先设置的典礼场地中间落座,两边则坐着各级官员扈从,大家坐定之后,民众们就开始围近过来,向县老爷等人叩头恭喜。之后,紧接着是余兴节目,让村民们也来同乐一番。

　　节目进行中,有一对像是父子的人,身上穿着宽大的衣袍,他们挤过人群,来到县老爷面前,年纪老一点的这位就说:"我们父子俩是走江湖讨生活的。刚好在过年之时来到这里,不如就在这边变变戏法,看看你们有什么要求,我都能办得到。"

县老爷想:难得过新年,这么多人在这里热热闹闹的,大家同来娱乐一下也不妨。所以就对变戏法的人说:"你到底能变些什么?"变戏法的父亲回答:"看看县太爷您要我变什么,我就变什么。总是讨个生活嘛!"县老爷再说:"你最拿手的是什么?"他就眯起了眼睛:"我可以颠倒四季的运行。"县老爷倒也好奇,就说:"这样吧!目前刚开春,到处还有雪花漫飞,但是我现在想要吃颗桃子。"

上天偷桃变戏法

变戏法的人露出为难的脸色说:"县太爷想吃桃子,现在却不是生长桃子的时节,看看四处白雪茫茫,这个时候要上哪里找桃子呢?"这时,在场的人纷纷发出嘘声:"你刚才不是说能四季颠倒吗？原来是骗人的啊！"这位父亲脸上一阵红、一阵白，拗不过众人的嘲笑，就对儿子说："儿子啊！我们就是以此为生讨个生活，今天既然县老爷出了题目想吃桃子，实在没有办法。不过，父亲说出的话要做得到，只是现在要到哪里去找桃子呢？"

儿子就说："父亲，这个时候在人间根本找不到桃子，只有天上的王母娘娘那里，才可能拿到桃子呀！"这位父亲脸上露出惊骇又无可奈何的表情，拍拍儿子的肩头："好吧！哪怕是上天下地，我们也要去偷出桃子来献给县老爷。"儿子点点头："可是天上太高了，要怎么上去呢？"变戏法的人就从箱子里找出一捆绳子，接着往空中一扔，这条绳子好像是活的一样，往上一抛，绳子就一直往上伸去，最后只剩下一小截留在地面上。

大家看了都开始欢呼："哎呀！了不起啊！"父亲又开口对儿子说："儿子啊！本来应该是我上去,但是现在父亲老了,手脚都不灵活,只好让你上去了。"儿子望着看不到尽头的绳子,心里似乎有些害怕："上面这么高,绳子这么细,万一我掉下来怎么办呢？"

父亲也是一副可怜相,说："你是我最疼爱的独子,但是,父亲的信用更重要啊！而且在县老爷面前怎么能说谎呢？为了父亲的信用,就算舍命也要上去啊！"儿子明白了父亲的意思,就攀着那条绳子一直往上爬去,一会儿,他的身影消失在空中,又过了许久都没有任何动静。

忽然间,绳子断了一截掉下来,现场的人一片惊呼,变戏法的人就哭着说："绳子断了,我的儿子下不来了。"这时,天空中掉下一颗桃子,这位父亲拿起桃子赶紧献给县老爷。当大家惊讶地看着这颗桃子时,陡然间,天上又掉下一颗头颅。

变戏法的人失去控制地大呼小叫:"这是我儿子的头啊!我儿子因为偷摘桃子,受到天上的刑罚被砍头了!"又一会儿,脚掉下来了,手掉下来了,变戏法的人边哭边把孩子的头颅四肢收进箱子里。现场的人早已经乱成一团。

终于,最后一截绳子也掉了下来,这时候,变戏法的人就把身上的宽大衣袍脱下来,盖在箱子上,大家定下神来,这位变戏法的人露出了微笑,对箱子拍一拍:"孩子啊!我们的任务达成了,来!你可以起来了。"箱子打开,儿子好端端地站了起来。现场的人响起了热烈的掌声。

这个故事中,变戏法的人到底使用什么手法,一时也令人觉得不可思议,其实,这只不过是一种障眼法,都是虚幻的把戏。我们的人生还不是如此,没有一件事是切实存在的。所以,佛陀告诉我们"观法无我",世间法中哪一个是我?我的身体是我吗?头是我吗?脚是我吗?头有头的名称,脚有脚的名称,到底我又是什么呢?身体的哪一部分才是我?

四大分散此命休

其实,这个我也只不过是一个代名词,没有一个实我。我们的身体是父精母血结合而成,也是四大假合在某段时空中的聚集,地、水、火、风四大一不调和,身体就产生病症,病的终点就是四大分散,也就是死亡。

生老病死,没有永远的实相在。婴儿呱呱坠地,当时称作婴儿,而婴儿的相是我吗?非也。三岁、五岁时很可爱,那是不是我呢?那个时候的幼儿已经不是现在的我了。青少年时,满怀希望、意气风发,那个俊秀的美少年,有一天还是会消失。所以说,过去不可得,未来多渺茫,人生真的是虚幻啊!

再看看我们体内的细胞,时时刻刻都在生灭中,每一分秒不断新陈代谢,这种细微的变化,连我们自己都不知不觉。于是,在不知觉中,有时人的体内隐藏了恶毒的病菌,因缘和合之下就会发病。

根据医学上的研究,现代人闻之色变,却是出现频仍的"癌症",其实,癌细胞并非只出现于发病者体内,每个人体内都存在癌细胞。这就像是社会、国家一样,如果彼此之间能和平相处,就能和乐共存,相安无事;可是健康细胞的运作一旦产生问题,癌症细胞便会扩散蔓延,形成威胁生命的重大病症。

很多病症或许都不是外来的因素造成,我

们的身体就是一个世界、一个小乾坤，里面存在着无数众生。这些众生细微得让我们看不到，多得超乎我们的想象，何时会出来作怪，总是无法多做预想，一旦产生又是令人所料未及。

记得花莲慈济医院启业初期，就曾有一个极特殊的案例。这位患者曾经发生车祸，之后就常常头晕，四肢无力，以致原本在山林边的工作也受到影响。几年来每况愈下，看遍台湾南北各大医院，折腾了许多年，情况还是未能改善。后来，南部地区的一位医师建议这位患者："你住在东部，花莲有一家慈济医院，也有脑神经科医师，你何必舍近求远，不如就近去看看？"

杀生食肉之为患

这位患者反正也无法可施，抱着姑且一试的心态，就来到我们医院。来了之后，在门诊的问诊中,我们的医师就问他:"你是否吃过生肉,譬如生鱼片,或是其他没有煮过的肉类?"他想了一想,就回答:"生鱼片我没有吃,倒是因为住在山林边,所以也会去打猎,我吃过生的山猪肉。我们是整头猪杀了之后,就用盐巴腌制,想吃的时候,就切下一块来吃,味道很好呀!"

医师一听就做下诊断:"你的症状并非车祸的后遗症,而是脑子里长虫,这是病从口入啊!"于是安排他做了检查,真的在脑部里有一窝虫。找出了真正的病因,接着安排患者接受手术,帮他开脑将虫子一条条夹出来。

我听到这个消息,也到病房去看看他,这位先生就说:"慈济医院的医师很好,你们救了我。"我问他:"现在你的手脚有力气了吗?"又把手伸给他握握看,他用力一握,我说:"会痛啊,果然恢复得很有力气了。"对症施救,他的病很快就痊愈了。

这个个案之后不到一年,又有一位病人,他的肚子胀得很大,后来医师诊断是肚子里长虫,医师为他取出,拉开来竟有一米多长,真的也是耸人听闻。想想,我们的身体真的是一个小乾坤,里面包含了多少东西,我们都未必能掌握。

因此,"我"只不过是一个假借的名词,人的生命属于大自然的共同体,实在不必太执著于我。大家同样生长在地球的这片土地上,这不就是一个共同体吗?我们呼吸着同样的空气,所以说"息息相关",大家应该把小我看淡,不需要为了名利、地位而生计较,人我是非、明争暗斗其实一点都不需要。

生命共同体的理念,是视普天下人人的幸福,就是我的幸福;人人的危机,就是我的危机;人人的苦难,就是我的苦难。如果能这样,就是打破小我，融会大我，在大自然中学习最宝贵的生存动力。

观法无我因缘生

观法无我的"法"，是道理，也是方法。"有色无色皆是法"，我们应该心心念念将佛陀的教理放在心中，还要分享给大家听，让大家都能了解万物无常的道理，我们所看得到的一切东西，都是因缘生灭之法的组合。

看看眼前的桌子，它的原料是木材，木材的起源是种子，种子与大地会合，接触空气、雨露、太阳，种种的因缘法组合起来，这颗种子就会成长。一样是因缘法组合成大树，时机一到就被砍伐下来，经过木匠的制作，最后变成一张桌子。

同样的木料，除了变成桌子，也可以有许多

其他的用途，不同的因缘就有不同的造就，可以制成器具，也能雕成庄严的佛像供人膜拜，也可以是盖房屋的建材。这也是法，但却非不变的法。

生生灭灭，五蕴中粗细显微的转变，常常只是自己粗心不得察觉。我们学佛，终极的目标就是一个"觉"，因为我们还是不觉，才会执著一切为我所有，以致被自己所埋下的烦恼困扰不休。学佛，就是学习跳脱这种苦恼，既然这个身体中并没有一个真实的我，为何还要冒着风险，为这个身体造业不断呢？

觉悟的人，领受智慧的甘醇；迷而不觉的人，则是苦不堪言。我们要照顾好这一念心，不要常常只是嘴巴上挂着"爱心！爱心！"，我一再说，爱心是爱顾好自己的心，把自己照顾好，才能去照顾、影响他人，这叫做爱心。不是说送东西给人就是爱心。

不要让自己的心常处在动乱之中,既然选择了修行之路、慈济的菩萨大道,我们要恒持刹那。世间上,既然什么都是不定法,都是因缘组合而成,切莫再要深陷自我的樊笼。

《金刚经》中提到"如梦幻泡影,如露亦如电",虚幻人生还有什么可执著的?佛陀教导我们以智慧探讨人生,真正能做到"观法无我",就没有什么好计较与比较。来到世间,上了人生舞台,如何扮演好最佳的角色,这才是最重要的。所以,我们要时时注意自己的行动,把行动照顾好,方向不要错误,这个人生的角色就成功了。

《第二行品》四正勤

已生恶令断

未生恶不生

未生善令生

已生善令增长

《第二行品》四正勤

恒持刹那四正勤,勤须不偏道乃行;
一勤已生恶令断,二勤未生恶不生;
三勤未生善令生,四勤已生善令增;
正能破邪力万钧,勤可助道展鹏程;
害人之心不能有,知罪肯忏可重生;
行善之念不可无,从来善道在助人;
无缘大慈平等爱,同体大悲智慧心;
红尘自古苦偏多,四勤拂拭莫染尘。

接下来是"四正勤"。为三十七道品中之第二行品,正是不偏;勤是不懈怠,四正勤即是精勤于断恶生善的四种修行要目。以上的"四念处",是以四种观修来了解修行的重点,过去、现在、未来诸佛的教法——诸恶莫做,众善奉行。再来讲四正勤,则是实地践履的力行方式。

人从出生来到人间,就开始要不断学习,学会呼吸,学习以气味分辨自己的母亲,以哭闹的方式表达肚子饿、尿布湿了等等。等到大一些就要学说话、学走路,学习一切生活所需的技能。这些学习大抵都在满足身体上的欲望,皆属于凡夫法。

幸运的人有缘接触深一层的教法,藉以提升心灵、感化他人;迷茫不觉之人,则是浮沉浊流,追求凡夫的欲望,执迷沉沦永世难脱。求取生活基本所需,这是生存必要的条件,但是大多数的人都是超过基本范围,变成了贪取。例如生命体的营养吸收,只要均衡足够就好,许多人却贪图口腹之欲,肚子里不知道吃掉了多少生命!

荤食与素食

曾经看到书本上的一句话,世界上哪个坟墓最大?就是我们的肚子,这个地方不知道埋了多少尸体在里面。几乎是所有的人,晚上都不敢经过坟墓,却没有想过,自己每时每刻都带着坟墓到处跑。难道一定要这样吃尽众生肉才能生存吗?

我们有一位医师的小孩,他的妈妈都叫我师公,她怀了这个孩子之后,奇怪的是,看到荤食就无法下咽,所以从怀孕开始,母亲就改为素食。孩子生下来也一直都是素食,连牛奶都不怎么爱喝,却长得又白又嫩,健康漂亮,身高甚至比同年龄的孩子还要高。

所以，有人说不吃荤食会营养不够，这都是借口，是人的习惯、习性，同时也缺乏一分悲心。这念悲悯心即是"人伤我痛，人苦我悲"，蠢动含灵皆有佛性，哪有一种动物不是贪生怕死，哪有一种动物被杀害时不会恐惧痛苦。

人类就是缺少悲心，所以不惜伤害其他生命，来逞一时口腹之快，还觉得是天经地义，这是一开始就培养出贪吃的习惯，造成了以非为是的杀业。从食欲的伤杀，延伸到人与人、国与国、人与自然的争斗，杀戮不停，人类的争战与灾难则永无休止。

很少有人愿意静下心来思虑，这一切人心不平、国际争战，以及天灾不断的起因究为何来？心中只是有很多不满，有很多追求。结果，常常由爱成恨，从欲成贪，不顺意而生瞋，从追求变成痴，贪瞋痴念一起，恶念浸淫日广，后果就愈加不能控制。

学佛就是要学戒、定、慧,懂得如何守戒,如何善尽做人的规矩,用心于此三无漏学的修习上。漏是烦恼,无漏就是没有烦恼,所谓的"漏",即是贪瞋痴的无明遮蔽了清净的智慧,使我们的慧命漏失损耗了。一念之差全盘皆错,再回头,已是一身恶业紧紧缚着。

造善与造恶

身为凡夫,起心动念难免造业,一发现自己产生这种不规则的心念,就要马上以智慧去消除制止。能以戒对治,就不会一发不可收拾,所以佛陀警惕我们,对于生善止恶的四种方向要精勤向学。

"一勤已生恶令断",心里有不规则的念头生起时,马上就以正念、正知、正见的智慧压制下来，让身体不去动作。因为我们都还是凡夫，心中难免会起心动念，恶的心念一起能及时克制下来，就不会造作不好的业。所以说"已生恶令断"。

万一，心里想，身形也造作了怎么办？如果能亡羊补牢，亦时犹未晚。赶快把恶念去除，心中生起善念，引导身形成就善事，这样虽然是兜了一大圈，慢了一步，但是能悬崖勒马，至少得以免去粉身碎骨之患。

"人生最大的惩罚是后悔"，一点点的心念没有照顾好，让它现形造业，最后受到惩罚的还是自己。所以总是要叮咛大家照顾好这一念心，培养好正知、正见、正念，才能行正业，就不会屡屡生起错误的念头。假若一时不察生起恶念，也要赶快对治住；身体有了行动，就马上自我纠正，快刀断乱麻，才不会自投罗网，愈陷愈深。

"二勤未生恶不生",这是最好的,让我们一生都不后悔。就像开车上路,一路上小心注意,没有漏看路标,没有下错交流道,遵守交通规则一路平安,很快地,就能轻松愉快地到达预先想好的目的地。

"三勤未生善令生",我们都说要净化人心,大家同样有这番志愿,希望人心净化、社会祥和,才能天下无灾难。这就是"众生共业"的道理,我非常相信这个道理,而且以这一句话为依归。

在我出家之前,从《梁皇宝忏》中看到"众生共业"的理论,就非常相信,毫无疑问。出家之后,承秉"为佛教,为众生"的师训,希望把佛教的精神理念普及于天下众生,使大家共造善业,合心协力去造福人群。好人愈多,福愈大;福大,灾难就少,恶业的侵扰就能减轻,所以我们应该多发心,多发净化人心的心。看看释迦牟尼佛和地藏菩萨、观世音菩萨,他们都是闻声救苦、不舍众生。

这是菩萨的心愿,也是过去、现在、未来三世诸佛一统的一个法,其精神中心,同样是"诸恶莫做,众善奉行"。

"四勤已生善令增",也就是降伏恶念之后,进一步众善奉行,能"恒持刹那四正勤",消极地诸恶莫做,积极地众善奉行,善业共聚就能破除灾殃。

凡事不要多计较,这样放松名利的追求,自然能消除人我纷争,心中的贪、瞋、痴、慢、疑亦能一一抛弃,免了一天到晚用尽心力,和人明争暗斗。再者,固守好自己的本分,将爱心拓展开来,还能更上一层去帮助别人。

发条的原理

四正勤的道理，其实就像上发条一样，如果绞得太紧，发条断了，整个作用就失去控制，就像我们的恶念一旦掌握不了，恶业随即产生。暂时放松它，就不会反弹回来，也就是"已生恶令断、未生恶不生"，恶的方面一放松，它也就没有作用。

接着可以慢慢地转上发条，亦就是"未生善令生"。等到发条上得恰到好处，就能产生顺利的作用，发挥器物的功能，这不就是"已生善令增"。佛陀要我们时时观照自己的心，心是一亩田，播下瓜的种子就生出瓜来，撒下稻种就结出谷子来。因此，今生今世好好地播下善种，好好地守护照顾，将来这粒种子发芽、生根、结穗、开花，即得收获同样美好的食粮与种子。

关于种子的造作,佛陀与弟子们也有一起这样的事件——佛陀在给孤独园时,与很多比丘同住,有一天,一大早就有许多比丘围绕在一起议论。谈说僧团中有一位比丘,平时巧言令色,听他说话觉得十分有理,但是观察他私底下的行径,却与所说的话是两回事。

他常常骗人,做些不法的行为,日子一久,其他的比丘逐渐感到蹊跷,大家觉得有这样的人同在僧团中,实在很不适当,就商量着要推派人选去向佛陀禀明这件事。佛陀听到大家的议论声,主动走向前来询问大家:"到底发生了什么事?"大家一听到佛陀问起,虽然不耻那位表里不一的比丘,可是谁也不愿意明指别人之过,又在那儿互相推辞起来。

佛陀就说:"学佛修行,最重要的是要坦诚,虽然不说人是非,但是也不能隐瞒事实,增长别人的错误。"佛陀鼓励大家要勇于面对事实,就人事而说。

修行重坦诚

于是,其中有一位比丘就说:"佛陀,您平常教我们莫论人非,所以大家明知道某某比丘的行为失当,但是又觉得一说出来就是论人长短。所以,我们才互相推派人要向佛陀请示。"佛陀就说:"这与谈说是非不同,只要合于事实,总是但说无妨。"比丘于是禀白佛陀:"某某比丘在僧团中,表面上看起来能言善道,但是私德却令人厌弃,言行十分不一致,让大家觉得有损比丘们在外的形象。"

佛陀听说原委,就要大家坐下来,而后对大众说道:"来!我来告诉你们,这就是某某比丘的习气,其实他也有心想修行,只是习气难改。

不只是在今生如此,前世也一样,即使过去在畜生道时,就有这样的习惯。"比丘们一听也很好奇,就赶紧请问佛陀:"到底他在畜生道时有些什么习气?"

佛陀随弟子所请,说道:过去久远劫以前,在山林里有一群山鼠,数量多得无法计算,总之子孙繁茂,很是热闹。鼠群中有一只鼠王,具有大智慧,带领着这群鼠儿悠游于山林中,生活井然有序。早上大伙儿结伴出去觅食,黄昏时,同样成群回归山洞,过着既有规律又丰足的生活。

有一天山林间来了一只猫狸,似乎是从其他山区被追逐到此,所以一副狼狈惊惶的模样。逃到这里终于喘了一口气,等到安定下来,这只坏心的猫狸就开始为自己的生计打算起来,到底要如何谋生呢?

忽然间看到一大群山鼠,这些山鼠很有秩

序,鼠王在前面带领,后面的鼠儿就依序进入山洞。这只猫狸灵机一动,这些山鼠就是我最好的食物!让我想想要用什么方法,来取得这群山鼠的信任。想来想去,心生一计,预计第二天依计行事。

隔天,它一早就站在鼠洞外面,面向太阳升起的方向,将三只脚缩起来,只剩一只脚在地上,又把嘴巴张开,如如不动地立在那里。

一会儿,鼠王照例带着鼠群出门,一出山洞,就看到一只奇怪的动物用单脚立在当地:奇怪!这是哪里来的生物?为什么用单脚站立呢?又为什么张着嘴巴面对太阳?大、小山鼠们都搔头想着。

鼠王也觉得很纳闷,就上前去问猫狸:"请问你叫什么名字?从哪里来的?为什么你要用一只脚站立?又为何面向太阳,把嘴张开呢?"

这只猫狸就自我介绍："我是从东山来的，名字叫做猫狸，虽然我有四只脚，但是担心如果把四只脚都放下来，会增加土地的负担，因为我不忍心大地还要承受另外三只脚的重量，所以单脚站立。至于面向太阳张开嘴巴，这是在修光明之法，而且我只吃风，其他什么都不吃。"

鼠王听了很感动，的确是个有德有修者，它关怀大地，而且长年累月只吸收太阳和风的灵气。这样的功夫实在很了不起，真的很令人敬佩。所以鼠王就对鼠儿们说："我们遇到这位猫狸先生是一位道行高超的修行者，我们要以恭敬心来对待它。"接着规定所有的鼠儿，每天出门以前都要来向猫狸行个礼，回来时也要向它问安。

鼠儿们也很高兴能亲近这么一位有德者，大家都乐于遵守鼠王颁下的规定，每天向猫狸行礼问安。于是每日早晨,鼠王照旧在前面带领,鼠群也依序跟在后面前进,奸诈的猫狸就会趁大家不注意,把最后的一只鼠儿抓走吃掉。因为鼠儿的数目很多,刚开始也没有谁发现,每天都会少掉一只山鼠。

一段时间之后,鼠洞里好像比以前空旷了许多,渐渐地才有鼠儿感到不对劲:以前洞里的空间总是很拥挤,现在怎么好像愈来愈宽了,是不是数目减少了呢?它们就向鼠王报告这件事。鼠王也觉得很奇怪,思前想后,它才开始怀疑,也许是猫狸在作怪?

第二天早上要出门时,鼠王就对大家说:"今天我殿后,你们照常向猫狸行礼后继续往前走。"鼠群们都很听话,照着鼠王的吩咐去做。猫狸不疑有他,一样打算重施故技,要抓最后一只山鼠来吃,但是鼠王的行动迅捷,一发现猫狸准备下手,就赶紧跳开,并且放声大叫,所有的山鼠都回过头来,一起对付这只奸诈的猫狸,很快就制伏了它。

这时,鼠王就对猫狸说:"你用这种欺诈的行为谋生,用虚假的形态欺骗人,这实在是很可耻的事。"佛陀说完故事,回头对比丘们说:"比丘啊,你们知道吗?那只猫狸就是现在这位爱说谎的比丘,而那只鼠王就是现在的我。我时时教育他,他犯了错,还是一样用爱去感化,但是习气难改,到现在他还是余习未除啊!"

从这个故事中,我们应该要好好心生警惕,看看这位比丘应该也很有善根,才能在佛的僧团中出家修行,但是习气却还是如影随形,不容易去除掉。所以,心要照顾好,习气也要调伏好,不好的习惯更要马上戒除。

当然好的习惯就要好好保持,甚至发扬光

大,比如为善,不要光是意思意思做一下就好,为善要认真,尤其是要积极认真。所以要将我们的心念放在正确的方向,四正勤的"正"也就是不偏的意思,"勤须不偏道乃行",我们的方向正确,就能依此正道向前精进。

心正邪不侵

"正能破邪力万钧"——师父不是常跟大家说"心正气盛邪不侵",只要心正行正,就能破除一切邪障,众人的力量也会因此汇聚起来,成为一股雄大的后盾。慈济的内涵是慈悲喜舍,做法则是诚正信实,这就是我们的力量,每个人都把信实诚正放在心头,时时调适自己,我想,要做什么事都能行得通,而且能得到人人的尊重。

邪恶的人来到我们周围,也会受到影响而改好,所以"勤可助道展鹏程"。一勤天下无难事,方向正确,勤于推动,自然能一步步接近目标,就如大鹏展翼,振翅千里,传播大爱覆护众生。

"害人之心不能有",这是理所当然的,我们既已发心行菩萨道,怎么还能做出有损别人的事呢!一切都应该以"利他"为上。不论如何,从前还不了解道理时,可能在不知觉中造下许多错误,现在已经发心学习圣人之道,从前种种就譬如昨日死,今日种种则譬如今日生,亦即是"知罪肯忏可重生"。

所以佛法中提到忏悔法门,像《梁皇宝忏》、《慈悲三昧水忏》或是每天的早晚课诵,其中都含有忏悔文。这些忏文,不是让我们口头上念一念而已,而是要我们了解,在每一处微细的起心动念间,一不小心就会误蹈祸端造作罪业。忏文中标举的名目,如同一面光亮的镜子,映照出我们不正确的动作,我们藉此以发现错误,改正错误。看到脸上黑了赶紧擦干净,还回清净的面目;衣服穿得不整齐,就赶快整理,使形态端正庄重。

忏,犹如以清水洗去肮脏污垢,我们知道忏悔过去失当之处,知错了,立即发露改过,如果能够做到这样,清净无染的慧命即可重生。一期的生命有限,我们的慧命如能成长,生生世世都能取之不竭,用之不尽。因而当下就要将自我的慧命启发出来,使其发挥良能。

"行善之念不可无",时时刻刻都不要漏失行善的念头。慈济乃是大爱的团体,我们要常常培养行善的心,才能引发善行,所以行善的念头不要遗漏掉了。"从来善道在助人",什么叫做善呢?能去帮助别人就是善。所以,这念助人的心、行善的心,要常常放在我们的意念中。

平等智慧爱

行善的方向千差万别,但都是起于一心一念。"无缘大慈平等爱,同体大悲智慧心",无缘大慈、同体大悲,就是智慧所展现的平等爱。人与人之间不分高低,没有肤色、种族、国界、宗教信仰等等之差别,唯一的心念,就是希望使人人幸福快乐,总是"先天下之忧而忧,后天下之乐而乐",看到人人都得到快乐,我们才能幸福快乐。

看看慈济人"水里来,火里去",发挥普及众生的爱心,只要是脚走得到的、手伸得到的地方,无不想尽各种方法,去帮助需要援助的人。而且抱持平等与尊重的态度,走出国际、深入苦难,以苦难为师,感恩对方的示现,以启发我们内在的爱心泉源,教育我们更开阔的人生体验。

所以，一个慈善家面对贫困者，要把贫困者当成菩萨，他们都是示现苦难的老师。

又如到医院从事志工服务，每天接触到不同的病人，病人也是我们的老师，他们显示病中的无奈，让我们设身处地去感受病苦，知道面临生死关头是多么惶恐不安，生离死别又是多么痛苦。所以病人也是我们的老师，志工们能视病如亲，去照顾、肤慰这些身心受苦的病患，从服务中看透生老病死的无常，这不就是"同体大悲智慧心"！

所以说，一切智慧要在大爱中产生；一切的大爱，也是以清净的智慧为力量而推动出去，二者之间相辅相成。佛陀十大圣号中有一者名为"两足尊"，意思就是"福与慧"兼备，就像一个人的两只脚，两只脚都健康，才能走得平稳。

佛是已开悟的圣者，一定是福慧双具。从

鹿野苑三转四谛法度五比丘起始，佛陀尽皆以福慧双具的法门来教化众生。一个修行者若只有智慧，尽管能体悟天地宇宙之理，但是缺了福缘，你说的法没有人要听，这样也没有办法救度众生，所以必定要福慧双具。

"红尘自古苦偏多"，红尘滚滚烦恼很多啊！我常常说，我这个修行人，都说修行要看破红尘，才能辞亲割爱而出家。但是我出家之后，偏偏又滚进红尘，时时会务缠身，最重要的是看不尽天下的纷争苦难，愈是有心要去救助，愈是感到苦难不绝，责任层层加重，真的好辛苦啊！

有很多的担忧烦恼，担心受苦的人能不能及时得到援助，担心深入苦难去救人的人能不能平安，很多很多的担心。不过，为了要净化人心，若不处在人群中，又怎么去净化人心呢？

地藏菩萨所发的愿是"地狱未空，誓不成

佛"，我们要帮地藏菩萨的忙，虽然没有勇气去地狱，没关系，但是既来之则安之，已经来到人间了，就好好在人间度化，挡在地狱门前，做到让大家"已生恶令断，未生恶令不生"。我们已经知道行善植福的道理，就要赶快走入人群，来帮助其他人断除恶念与恶业，共同努力使社会祥和、天下无灾难。

来到滚滚红尘中，每一个人都是乘着业而来，有的人恶业偏重，很难遇到善知识加以辅导转化，所以就一错再错，遇到的都是坏因缘，他的业就愈造愈多。所以常对大家说要结善缘，才有善知识陪伴我们行走这条人生道路。我们的藏识中，最好不要存有不好的种子在里面，否则来生来世就会由不得自己，随着业力不停流转。

滚滚尘世，自古以来苦难偏多，才更需要我

们多发心,走入苦难的境界去度化众生。所以"四勤拂拭莫染尘",我们的心不要受污染,"多用心"三个字实在是很好用,我们要时时刻刻把心照顾好,有了一点污染,就像一面镜子沾了脏污,要随时擦拭尽净。

因为我们都还是凡夫,尚未达到"本来无一物,何处惹尘埃"的境界,所以要小心保持"心如明镜台"的清净,亦需时时勤拂拭,才能不使染尘埃。凡夫总是要顾好心念,心念顾好了,就能超越凡夫的境地。既然要学佛,心真的要常常顾好,虽然很辛苦,却会有代价,否则刹那之间失去掌握,言行一出就成业种。

守持一念心

修行本来就是要练就这一念心,心念坚定,意志不动摇,才能勇猛精进。在修行的道场中,数十年,甚至数百年如一日,这就是守持一念坚定的心。

佛陀对我们的教育,从四念处到四正勤,无非是教导我们固守心念的方法。心是最无常的,佛陀就教我们时时"观心无常",无常的心念,离不开两种法,就是善与恶。当然,修行要把心保持于善念,遏止恶念不令产生,亦即"诸恶莫做,众善奉行",顾好善念,注意恶念,一点点坏的念头都不要生起。

已生恶令速断,因为我们是凡夫,善恶二念难免会浮浮沉沉,不小心,恶念生起时,我们要赶快令恶念速断。因为恶念一生,恶业就成就了,所以必定要保持善念,注意恶念,所以已生恶令速断,赶快要断除一切恶念。

如果未生恶,尚未有恶念恶行出现,更要注意不令产生,因为心无二用,如果生了恶,善念就断了。所以未生恶,表示善念还存在,我们要注意防患于未萌,恶念还没生起前,就先远离不好的因缘,使恶念没有生出的机会。

若是已经在修行了,就把我们的心安住在修持善法上,"未生善令生,已生善令增长"。我们还有很长的路要走,很大的空间可以拓展,把时间精力用来利益人群,其实便是利益自己,所得到的欢喜难以言喻。因此,如果还未生善,要赶快注意善因,把握善缘,让这分善念因缘具足;若是已生善者,就要精进不息,令善速增。

总是说"未成佛前,先结好人缘",时时结好善缘,善念就会不断增长,形成一种善的循环。所以,要守好这一念善,实在要有很坚定的毅力,我们才能不畏困难考验,坚持断恶修善的心念。"修行乃大丈夫事,将相难为",没有这分毅力,就没有办法保持坚定的意志。

佛世时，佛陀亦时时向弟子们叮咛："比丘啊！好好顾守你的善念，因为这念心是无常的，无常的凡夫心，要靠我们坚定的意志去磐固。否则，这念心能使我们生天堂，也会使我们堕地狱。"佛陀又说："以我的智慧来观察，堕落地狱真的也只在一念心，顷刻之间，恶念一生，就堕入泥梨。所以，发心修行的比丘们啊！切记要注意这一念心，千万不要让恶念产生，以免堕入地狱。"

又有一天，佛陀又对弟子们说："比丘啊！大家要好好照顾好心中的善念。以我的智慧观察，一念善念生，顷刻之间，就能上升天堂，因为上天堂，也就是一念善心所生。"

天人的自救

接着，佛陀举例来说明，一位天人，有一天

突然"五衰相现",也就是说头冠及头上的珠宝饰物,忽然间都坠落下来,完全失去了光辉,衣服变得褴褛、腰带也松掉了,面容的光彩顿时消失,身体也产生不净的汗臭和污垢。

这位天人十分惶恐,害怕自己即将脱离天道,回入六道之中,万一堕落恶道,那要如何是好! 愈想愈是惶惑不安,这个时候,该去求谁帮助我呢? 谁又能指引我呢? 转念间,想起了释迦牟尼佛,佛是一位大智慧者,大觉者,我应该要赶快去请他来指点我,看有什么办法可以让我脱离五衰形态,不堕入恶趣。

他真的来到佛的座前,向佛陀请示。佛陀慈悲,细心地开导他说:"一切唯心,你现在是天福享尽,五衰相现。因为过去你曾种下恶道之因,如今失去了天福,即将要堕落畜生、地狱道。话虽如此,这个时候你还是要坚定善念,赶快再发善愿,善的力量大,就有机会让你回到天宫再享天福。"

天人听罢,立刻在佛前虔诚发愿:如能脱离恶道,回归天界,从今之后必当守护三宝,造福人群,再也不令这分善念散失。

回去后不久,天人的意识飘飘然的,似乎到了乡下一处马厩前,眼前有一匹母马正要生产,忽然间他投进了马胎,接着母马就生出了小马。天人的意识,觉察到自己投生成了小马,落入畜生道中,他不愿意就此堕落轮回,这个时候一定要自救!

这匹初生的小马就在马厩里乱跑乱撞,一直用力把头撞向围栏,经过一番挣扎,小马出生不久就往生了。

神识安定下来,又恢复成天人的身态。经过这一场生死,天人有了很大的警惕,意识真的是由不得自己,天福享尽,轮回丝毫不爽。好在临堕之际,曾经有这个念头去请教佛陀,佛陀慈悲的开示,总算让他把这一念心固守好,因此,虽然堕入马身,但是他的意志念力还是很强,保持住这分善念,最后才能恢复天人之身。

这都要感恩佛陀的提醒,天人于是再度来到佛前顶礼,而且也向佛陀发愿,他再也不要享乐了,只愿专心护持三宝,守持善法。佛陀亦点头赞许。

说完这个例子,佛陀就对弟子们说:"看啊!这念心就是要自己好好地守持好,恶念不生,善念不断,才能成就圆满的修行。大家要时时多用心!"一旦发心,要永恒受持,所以常说把握当下,恒持刹那,也就是要发心如初,精勤不懈。以上是四正勤。

《第三行品》四如意足

欲如意足

念如意足

进如意足

慧如意足

《第三行品》四如意足

欲念进慧四如意,具足圆满道业立;
欲如意足贵发愿,愿大志坚菩提现;
念如意足在诚正,诚正信实道可证;
进如意足当正勤,拔苦与乐重力行;
慧如意足济苍生,慈悲喜舍放长情;
四如意足系一心,心净一切国土净;
烦恼一念动三千,三千一念由心牵;
毫厘之差谬千里,体解大道无量义。

学佛就是要学得一心宁静,不管是什么境界,要记得"心不随境转",如果心中宁静,看什么境界都很美,什么样的人事物都值得我们感恩。学佛就是要修学这一个心念。

孔夫子说"学而时习之",学了之后还要时时熏习,才能在生活中成长我们的智慧,习得圆融圆满的待人接物之道。能深入观察人事物的形相道理,才能应机逗教。

佛陀所云"三十七道品",旨在教育我们人与人之间的互动,以及如何建设自己的内心世界。外在的世界复杂万变,要如何使内心的世界成为复杂中的美景?这当然要具有智慧。所以,佛陀所说四念处,除了观想自身外,又再观想外境,还有彼此之间的感受,并分析物质世界中的种种执著。

在观身不净、观受是苦、观心无常、观法无我中用心熏习,预防不法的心态产生,明白人生的方向即是行善止恶,做到"诸恶莫做,众善奉行"，这就是佛陀的教育。接下来，我们也要注意自我心灵的各种欲念。

四如意，道业立

单纯的欲念可视为希望，也就是我们希望的人生方向。修行者企望的人生方向，就是在接受佛陀的教育，而后自度度人，所以"欲念进慧四如意，具足圆满道业立"。

四如意足，如意的意思就是无障碍。要没有障碍，第一要有希望，第二要有正念，第三要精进，第四要有智慧，这样我们就能事事如愿，没有障碍，就像两只脚能平行，即可畅通无阻，所以叫做如意足。四如意足意即进入三摩地（定），使所行无碍的四种方法，即欲如意足、念如意足、进如意足以及慧如意足。

第一"欲如意足"，欲就是希望，这里指的是修道成果的欲望或愿望,与一般凡夫所谓的"欲"念有所不同。这种愿望、希望,是因地到果地之间不能缺少的,我们心中如果没有修行的愿望,就不会立志发心,当然就无法身体力行,这样子哪里会有成佛的可能。所以我们必定要有愿,这是修道证果的一股力量,称为"欲如意足"。

世间人所希求的,不外求事事如意,实在说,若是一味求取名利地位,自私自利而想求事事如意,这只是愈求愈不满足,徒然增加自己的痛苦而已。如若能缩小自我的物欲与爱欲,扩大范围去普利众生,必定能远交近来,聚集同心同道者齐来完成此一大愿。

我们的愿,只要是为了天下众生,只要能把心门打开,不受物欲束缚,自然能够海阔天空。人生之所以有许多求不得、不如意,就是因为受到物欲境界的束缚,如果能扩大心胸,拨开私我的欲求,自然就能海阔天空,任我们适意悠游。所以,学佛要从我们心灵的世界拓展起。

再来是"念如意足",念就是念念一心,心要常住真理中,念要念念一心。心念一点点都不能偏差,如果我们有正念,念念一心住于真理,要走这条菩萨道路其实也不困难。

凡夫总是杂念多,每样东西都想学,但是每一样都学不齐全,这就是心念散乱了。如果能选择一样自己想学的,就专心在这样,譬如我们学佛,就专心在学佛的道路,慈悲喜舍这么简单的四个大字,我们如果能够依教奉行,自然就能念念一心,如此,心就不会散乱。所以,我们要时时将心灵世界中的烦恼去除。

很多人的烦恼都是:"他会,我也要会;他的学问高,我也要去拿文凭。"所以什么都要学,心理难免就会很复杂。所以,我们的发心发愿,一心一志没有杂念,就能念念清净;心无旁骛,就无烦恼。当然,我们也要警惕自己,一旦选择了方向后,定要力行精进。

多用心,无难事

只是说"我保持一心,其他的都不必去追求了",这也同样会使人停滞不前。我们一心一志之后,还要向前精进,所谓"一勤天下无难事",方向选择对了,继续向前精进,绝对能到达愿望的终点。我们的愿望,就是佛的境界;我们精进的方向,当然就是菩萨的道路,所以一定要精进。

成佛的目标,就是要先得智慧。其实我们与佛的智慧本来平等,佛没有比我们多,我们没有比佛少,佛陀既然这样告诉我们,我们就应该要有信心。只是我们向来处在凡夫地,周围的环境十分复杂,诱惑的事物林林总总,以致人心涣散,方向偏差,因而懈怠堕落。现在我们目标一致,心念不散乱,向前精进不懈怠,智慧自然就会产生。

拨开黑暗,就能彻见光明的真理,这是一定的道理。就像是磨光一面镜子,你下多少功夫去磨,镜子的本质就会呈现多少,等到镜子的本质完全呈现,就能照耀万物。所以,镜子的本质原本就有了,只是要下功夫去磨,这就是佛陀对我们最直接的指引。人人都有这分平等的智慧,很多人也有心要学佛,下坚定决心的也不乏其人,只是大家都不懂得如何用心。

佛世时,某一天在给孤独园中,一群比丘聚在那儿议论纷纷,佛陀就问:"你们在为什么事情议论呢?"其中一位比丘就说:"今天出外去托钵,又听到外人在议论僧团的事。"佛陀就问:"僧团又有什么事呢?"

比丘说:"我们僧团中有一位老比丘,他在外面接受居士的供养,居士要他祝福时,他老是会说出一些不得体的话。人家如果有丧事,他就对丧家说一些喜庆的话;有人喜庆时供养他,请他祝福时,他又说一些不吉利的话。"

佛陀请比丘说出实例。比丘也就举例,有一户人家在办喜事,是主人的儿子结婚,正好老比丘从那里经过,主人也很欢喜,就虔诚地供养他,请他为这对新人祝福。没想到他竟然说:"你们今天办喜事,实在是很可喜的事情,祝福你们能办一百次。"人家结婚都是一生一次,他竟然祝福这对新人结婚一百次。主人当然很不高兴,有些批评的话就传出来了。

非今生,遍过去——鲁钝的梵志

佛陀听了,很无奈地摇摇头,就说:"大家可知道,他不只是今生才这样愚钝,从前我也曾费尽心机,但是怎么教他都教不会。"佛陀因而说起这位长老过去生中的故事。

从前有一群梵志一同修行,其中有位梵志特别愚鲁迟钝,怎么教都教不会,渐渐的大家都失去耐心,他就被其他的梵志所排斥。但是他们的教授师却很有爱心及耐心,认为就是因为这位梵志如此愚钝,才更应该教导他。既然跟不上大家的进度,教授师就叫他当侍者,每天跟在自己身边工作,打扫室、内外,侍奉起居等等,以便随时应机教导他。

有一天,教授师受人宴请,回来时已经有点醉意,躺在床上觉得有点低,就对愚钝的梵志说:"来！你帮我把床脚垫高,垫平。"他就赶快找东西来垫。垫好了三个床脚,只剩一脚却找不到东西可垫,看到教授师很累了要睡觉,他也不敢惊动,就拿他的腿去垫床脚。

直到天亮教授师醒来,看到他坐在床边,问明了原委后,教授师摇摇头,觉得这个弟子实在是很憨直。但是,这个举动也令教授师很感动,就思考着要如何教导他,才能把他的愚钝无明扫除。

后来决定让他出外工作,每天回来时,就向教授师报告这一天中所看到的事物,再请他做一些譬喻,以这种生活化的方式来教育他。

一开始的工作是捡柴,在捡柴时他看到一条蛇,教授师就问他:"你能不能把看到的蛇做个譬喻,看看它像什么?"他想一想就说:"蛇就像铲子的柄。"教授师很高兴:"没错！你比喻得很好。"

另一回他报告教授师说:"报告教授师,我今天出去看到大象。"教授师:"那么,你做个譬喻看看。"因为那一天他回答像铲子的柄,教授师很高兴,所以他又回答:"教授师,大象就像铲子的柄。"

教授师想:象跟铲柄,哪里像呢?啊!象的脚有一点像,象的牙也有一点像,好吧!当成是打禅意,这样的譬喻也还可以。有一天,梵志接受人的宴请,回来后,教授师又问:"你今天受请,吃了什么东西呢?""是饼卷。""那你就拿饼卷做个譬喻。""像铲柄!"教授师一听又是铲柄:好吧!饼卷跟铲柄是有点像,就将就一下吧!

再有一天,梵志又受请,教授师在他回来后又问他:"你记得今天吃了什么东西吗?""记得,就是乳酪。""你拿乳酪来做譬喻,看看像什么呢?"不料梵志仍是回答:"像铲柄。"教授师很无奈,就告诉梵志:"乳酪是用煮的,用圆的或四角的容器去制成它的形状,你怎么每一样都说像铲柄呢?"

这位梵志自己也觉得很无奈,问道:"我回答得不对吗?开头说蛇像铲柄,教授师不是很高兴吗?我希望每一种譬喻都是让教授师高兴的譬喻。"

佛陀说完这个小故事,回头告诉比丘们说:"当初这位梵志求道心切,也有耐心与耐力,只是不能做到一心一志无散乱,对心灵的世界缺乏用心。所以,应对进退就很偏差,过去是这样,现在还是这样。真是很无奈的事!"

我们学佛也要学习进退,如何待人接物,这都要靠智慧。智慧总是不离开一心,我们所希望的目标在哪里,目标确定之后,就要一心一念向前精进。于心灵世界中时时刻刻自我观照,跟外在的境界也能适切配合,就能到达目标的终点,也就是佛的境界。所以四如意足的第三项是"进如意足"。

进,就是精进,精进就是专念不退却。我们的愿不可稍退,要前进不懈,而且要保持在直道上面,不邪曲,不间断,向菩萨的大道直行。这叫做进如意足。

第四是"慧如意足",慧即是光明之意。我们内心本具清净光明的智慧,能促使我们依着愿望、正念向前精进,就如灯塔指路,我们的所思所行,也需要智慧光明的引导。身处浊恶世间,犹如暗中行路,这条路要走得安心安稳,必定要有光源照路,才能保护我们不会跌跌撞撞,甚至堕入深坑。

"欲念进慧四如意,具足圆满道业立",能具足四如意，就具足圆满的道业力，帮助我们导向正道，如此，道业即能具足成就。

"欲如意足贵发愿，愿大志坚菩提现"，欲如意足最宝贵的精神就在于发愿，因为欲就是愿望，人人自己发愿，而且愿大志坚，菩提的智慧即能显现。我所说的静思语其中有一句，"心要细，气要柔，愿要大，志要坚"，发心立愿的重点就是在这里，一定要由内而外，由小而大层层用心，才能以大愿大志进取佛道。

志愿坚，道可证

愿大志坚，菩提觉道很快就出现在我们眼前。再来是，"念如意足在诚正"，慈济的精神是慈悲喜舍，实际的做法则是信实诚正，信实诚正存在于我们的心念，发而为服务众生的职志与作为。能够保持着这样的心念往前直进，"诚正信实道可证",每个人都可以藉此体证、体悟佛菩萨不舍众生的本怀与真理。所以学道,道就在我们面前,只要诚正信实去行,绝对是指日可待。

"进如意足当正勤,拔苦与乐重力行",四如意足与四正勤具有不可分割的关连性,我们发愿向前精进,少不了四正勤止恶生善的力量。要拔除众生的苦难,使得众生获致快乐,不能只是用口说说,一定要身体力行,才能真正日起有功。不管众生在哪个地方遭受苦难,我们都要想尽办法亲身到达那个地方,亲手遍布施,以亲切的关怀肤慰受难的心灵。

公元二〇〇〇年,我们对朝鲜援助农业肥料,罗明宪居士及宗教处等一行人,不畏路途遥远,他们心系当地的苦难,为了拔除苦难,就算是再困难的任务,他们都一定要去实行。痛苦拔除了,当地的人民才能得到快乐,我们给他们肥料,使他们的农作物得到丰收,就能脱离饥饿、受苦的灾难,露出喜悦满足的快乐。

这都不是用嘴说说而已,而是重在力行,所以说拔苦与乐重力行,只要我们能力所及之处,都要自动自发去付出。因而,"慧如意足济苍生",我们要如何来救济芸芸苦难的众生?众生的苦难千差万别,有的则是多方面的苦难,我们面对这种千差万别的苦难,想要因病投药使之离苦就乐,唯有发挥大智慧力,始能普济苍生。

像是慈济的志业,从台湾起始,却能受到整个社会的肯定。慈诚队、委员、志工队伍浩荡长,不只在台湾,而且普及到世界许多角落。慈济人,人人都很快乐,人人都是"甘愿做,欢喜受",做得快乐又轻安,这么一个快乐而真善美的世界,已经散播到全球。

因为人人心中有爱,因为人人心中都有光明,只要我们用这分爱为力量,用这分智慧为前导,人人心中的灯火点燃了,世界就有光亮。运用智慧就能无碍推行,这就是慧如意足。

"慈悲喜舍放长情",以慈悲喜舍的心,放长情、扩大爱,三十多年直到现在,看看我们的脚步扩及五大洲,超越了国家、种族、宗教等等的隔阂,这不就是放长情、扩大爱!

"四如意足系一心",欲、念、进、慧四者常常放在心上,"心净一切国土净",我们的内心清净,所愿所行都在净化人心、祥和社会,以求天下无灾难,则一切国土无不清净。

"烦恼一念动三千,三千一念由心牵",心中有了无明,就免不了造作恶业,业业相缠,牵扯出烦恼不断。若是追本溯源,好好地固守好心地的平静,自然没有烦恼无明,也没有业障纠缠。

个体美，整体美——师公在看你

这里的"三千"表示普遍，代表很大的境界，一点点的烦恼，影响就可能十分巨大。但是如此广大的三千境界，归根究柢也只系于一念，一念心起，是福是祸皆是牵一发而动全身。就像在团体中，不要以为我一个人不好没有关系，其实，之中只要有一个人不好，整个团体的美就被破坏了。这也就是我常常说的，个体美就是整体美，整体美就是因为有个体美。

所以要时时把心照顾好，也要时时照顾好我们的行动。所谓"十目所视，十指所指"，不管有没有人看到，"君子慎独"，在一个人独处时，更要谨慎小心于我们的心行。照顾这一念心，不要认为没有人看到，我的心就杂想纷纷，而后放纵了行动，造成自己都无法预期的结果。

记得台北有一位慈诚队员，每次他来执勤时都很有威仪，很有规矩，回家之后也会跟他的孩子，分享师公今天说了些什么，把孩子也教得很有规矩。

有一天他回到家，可能是一时累了，所以坐在沙发上，就顺势将两只脚放在桌上。他的孩子看到了，就义正辞严地说："爸爸，师公的眼睛在墙壁上看你。"他马上把脚放下来，还对孩子说："对不起，对不起！小菩萨，爸爸感恩你！"这就是一念放松。还好他的孩子是位小菩萨，会及时提醒爸爸，否则爸爸的身教如此，孩子怎么能守住规矩。

这虽然是一个小小的例子，却也是见微知著。所以一念心动，行动就会产生，就算是很小的居家活动，我们都要很小心。

"毫厘之差谬千里",谬,就是错谬的意思。一念偏差,步步皆错,是善是恶,是迷或觉,差别都只是在毫厘之间,如若稍微把持不住,失去了正确的方向,距离目的地就可能相差十万八千里。

"体解大道无量义",我们要用心啊!好好地深入大直道的法理中,道从一念生,一念则生千千万万的道理,所以无量义就是从一而生无量的意义。《无量义经》云:"一为无量,无量为一。"一念好心,就能成就无量的善行。

希望大家时时用心,举止要有轻重,自己要很自爱,这才是自己尊重自己。不要看轻自己,认为自己不轻不重,地球这么大,多我一个也没有加重,少我一个也没有减轻,这样的想法就很消极了。我们应该积极起来,这个世界不能没有我,也不能没有你。

《第四·五行品》五根五力

五根：信根、精进根、
念根、定根、慧根

五力：信力、精进力、
念力、定力、慧力

《第四·五行品》五根五力

【信根（力）】

信为道源功德母，长养一切诸善根；
正确信仰根必在，稍有偏差误前程；
无相之相是实相，无所求心是道心；
信解行证不偏离，成佛之道方可期。

【精进根（力）】

我修行是我所得，你用心是你所得；
行兹在兹一念心，把握时间正道行；
凡夫地到佛境界，努力精进不停歇；
有信更要求精进，用心用心再用心。

【念根（力）】

一切举动一念心，治心守意于未萌；
度人先从救心起，培养一分仁德心；
一念含融三千界，守住最初一念心；
万法皆出于一念，多向正道念力行。

【定根（力）】

专一心思求正道，心不散乱就是定；
念兹行兹戒定慧，坚固一念初发心；
挑柴运水无非道，行住坐卧皆是禅；
若将佛法生活化，历历昭然心目间。

【慧根（力）】

智为分明知解心，世间色法分得清；

慧光遍彻天与地，平等大爱众生心；

人人与佛皆平等，佛在自心不远求；

智慧根源四念处，处处当念福慧修。

人生最重要的，就是要有正念，有正念和积极的精进力与定力，才能成就福慧双修的人生。

每个人一定要好好守住五根门，第一要有"信根"，信是信仰，有了正确的信仰，启发人生正向的良能，自然就不会落入错误的方向。假若欠缺正确的观念，方向一偏差，就算你再努力，终究是背道而驰，渐行渐远。看看社会上有多少作奸犯科的人，往往都是出于一念偏差，方向就愈错愈无法回头。

信为道源功德母，长养一切诸善根，若是信根不具或是信力不坚的人，就容易受人煽动，改变原本积极、善良的初衷。偶尔我也会感叹"善门难开，好事难为"，有的人很用心付出，但是身边的人就会说："你真傻，赚了钱不会自己花，花自己的钱去做别人的事，这怎么划得来！"听久了，有些人也真的受到影响，生起退心。

所以我们为善也要有定力，少了定力，就容易摇摆不定，因而丧失了成长慧命的机会。人生有所为、有所不为，可为的事应该要坚定意志积极去做，不要随便受人影响，这样就没有不成功的事。

精进智慧信念定

信心、精进、正念、定力、智慧，此五者称为"五根"，发而为作用则是"五力"，五根五力相互配合，即能成就功德。这五类十种助道之法，以信为起始，可见信根、信力具有举足轻重的地位。由信可生精进大力，可生正确观念，进一步培养定力，最后即能从中累积智慧，所以信心被列为首要。

信要正信，这是学佛向道一条不可偏废的道路。信的方向如果偏差，一生的道业就荒废了，所以把握信根信力非常重要。但是人生几何，光是有信还不够，一定要加上精进根、精进力，才能珍惜时间，向我们选择的正道脚踏实地，身体力行，否则"道必难会"。

在精进中时时修正自己偏失的地方，这就需要有正念。人们总是一天到晚起心动念不息，假使方向有了偏差，很容易便堕入于邪思邪道，要纠正如此多变的凡夫心，便要令其所见、所闻、所思都离不开正确的一念，这样才不会偏差入邪。所以我们必定要顾好这一念心。

心念一定要正,有了正念,然后要有定力;有了正念,若缺乏定力亦无法坚持。修行的道路遥远漫长,怎么样才能到达觉悟成佛的终点?就是要有坚心一志的定力。

第五类是智慧根与智慧力。智是分别智,就是分别世间种种形相、善恶的能力;慧即是平等慧,对于万事万物能透彻、能了解,了知心、佛、众生三无差别,人我一体,就没有什么是非可以困扰我们,这就能由定发慧。

修行如果能到达心包太虚,人我之间没有是非,这种超越的境界,不就是佛的境界!所以我们学佛,不要轻视三十七道品中这十种方法,五根与五力,亦是修行过程中不可缺少者。

在佛世时有一个小故事,说明根与力之间的关连。

当时，在给孤独园，比丘们时时相互论道，某一次佛陀经过时就问大家："你们今天在讨论些什么道理，其中有什么无法理解的吗？"比丘们赶紧恭敬地回答："有。佛陀啊！在僧团里，有一位刚出家的年轻比丘，他虽然发了心，但是经常心神恍惚，大家问他为什么，他说他的心中有一个影像，永远都无法消灭。"为了这个影子，他的心总是无法安定下来，无法一心定念。

情门洞开影幢幢

再问他是什么样的影像？他就说，是一个女人的身影。是不是很美呢？他又回答："不是很美，她的身材像水桶一样，看起来不是很美，但是我的心思一直都在这个女人身上，哪怕她长得很丑陋，但是我总是念念不忘她的形影。也就是因为这个形影令我困扰不已，所以我来出家,希望出家后能忘了这个形影,哪里知道出家之后,这个形影还是无法去除,我一直在思念着这个形影。"

比丘们一再劝导他,他都说没有办法,所以比丘们才会议论纷纷。现在佛陀问起,比丘们就请教佛陀:"佛啊!像这样的情形,我们要怎么辅导他呢?"佛陀说:"来!带那位年轻的比丘来我这里。"比丘就把这位初学的年轻比丘带来。佛陀看一看这位比丘,然后慈祥地问他:"年轻的比丘啊!刚才我听大家说起你的情形,你的心中是否真的存有这个形影呢?"

年轻比丘垂下头来,极为惭愧、忏悔地说:"佛陀啊!是真的,我很努力要把她忘记,还是无法忘记,这件事使我心乱如麻,无法理出一个头绪,我好痛苦啊!"佛陀很怜悯他,就对所有的比丘说:"比丘啊!大家要怜悯他,这是他过去生中的习气未断。他真的是很痛苦,不只是今生此世,在过去生中,就曾经有这样的事发生在他身上。"

接着就为年轻比丘与其他大众,说起了过去生中的经过——在过去世一处深山中,有一对婆罗门教的父子在此修行。父亲是一位婆罗门教授,他对自己的修学非常重视,所以把儿子带到山上,希望将婆罗门的教法尽皆传授给他的儿子。

年轻人上山之后,有一天在工作时遇到一位女子,女子的体态肥胖,但是很爱撒娇,年轻人禁不起女子的挑逗,情门一开,就跟女子情投意合。

有一天,老婆罗门看到儿子坐在床上发愣,就问年轻人:"儿子啊!你平时都很勤劳,主动到外面捡柴挑水过生活,最近看你老是无精打采,是不是有什么心事呢?"

　　这位年轻人就老实对父亲说:"我无法去除内心所发出的情感,整个心已经无法收回来了。我认识了一个女人,这个女人要我跟她去群居的地方建立家庭,我很痛苦,因为我舍不得离开父亲您,但是我更无法离开这个女人。她已经跟我约好了地方,我想去跟她会合,到群居的地方过平凡人的生活。"

　　老婆罗门想:既然儿子的心已动,情念一生,再怎么劝说都没有用,就顺着他的要求让他去吧!他对儿子说:"你既然做了这样的决定,我也无法使你的心意回转。但是如果有一天你改变了心意,要记得,我随时都欢迎你回来,一起修习这种清净行。"

　　父亲很舍不得儿子离开,儿子此时却是一心一意想要赶去与女子会合,于是匆匆别离父亲,就高兴地去与肥胖的女子会合了。

一到群居之地,女人就说:"我好累啊!帮我整理房间,帮我铺床,我想休息了。"年轻人就开始整理房间、铺床等等,所有的杂事他都做了。女人醒来又说:"我想吃东西,我要吃肉,我要吃鱼……"她要吃很多东西,都要年轻人去为她打点,从早到晚忙得团团转,一刻都不得休息,每天都是筋疲力倦。

经过一段时间后,年轻人想起了父亲:父亲给我的恩情那么多,带我过着山居生活,无非是要教育我,我只不过做些简单的工作,所回馈的只是这么一点点,父亲对我的慈爱与包容却是无限的。但是这个女人不是我的什么人,我竟然禁不住情欲诱惑,为她百般付出,她却还是不满足。我到底在做些什么?

他若有所悟,于是离开了那位女子,回到父

亲的身边。佛陀说到这里,就对比丘们说:"你们知道吗?当时的那位年轻婆罗门,就是现在这位初学比丘;当时那位父亲,就是我释迦牟尼。这位年轻人几世以来,都是因为情的诱惑扰乱了他的心,这种习气的根本未除,所以今生此世虽然发心修行,但是潜藏的烦恼习气还是如影随形。"

去污归真破重浪

由这个故事,我们就知道要有彻底的信根,而且一定要正信,不要迷信,那位年轻人就是迷于情爱,才会累世带着这样的业。我们应该要知道,修学佛法就是要去污归真,去除污染,使心念归于真诚的信仰,有了正确的信仰,才能断除迷邪的心。我们必定要精进,信根信念如果没有时时培养,很容易就被动摇,所以我们一定要精进,朝向正确的佛道实行。

修行更需要正念,如果缺乏正念,外面的境界也很容易摇动我们的意志。所以一定要有坚定的毅力,如果没有坚定的毅力,就会像那位年轻人受到外色所诱惑,就失去修道的意念。

有了正信、精进、正念,当然定与慧也就能水到渠成。学佛就要好好修学五根、五力,信、进、念、定、慧都不可缺少。

我们的心念,就像是海面的波浪,前念接着后念,后念推散前念,念念生、住、异、灭。我们发出一念好心,这个好心却不一定会常常存在,因为正念常常会被恶念推翻;发了一番精进的念头,也常常被一分懈怠的意念所淹没。

所以说,心念的生灭如同后浪推着前浪,这就是凡夫之所以为凡夫之因,因为心意无法坚定,无法按部就班,如此,便无法一步步从凡夫地到达圣人、贤人的境域。

前面已经说过五根、五力,其中的信力确实非常重要,除了信仰正确的佛法,慈悲济世的精神理念,自己也要有一分自信。"三世一切佛,一切唯心造",别人能够做得好,我们一定也可以,必定要有这分坚定的意志。

学佛不只是一天到晚跟着别人学,我们要有自信——自己也可以以身作则,用身教来感化别人。如果能拿出诚意真心,以真正恳切的心来接受一切教法,自然就会表现在行动上,而且能用身教来引导他人。

过去在日本有这样的一个故事。有一位很有地位的人,他的事业开创得很好,累积了许多财富,而这些努力无非都是为了他的儿子,想替儿子打好事业的江山。至于社会慈善的工作,他觉得很没兴趣,没有必要为不认识的人去付出。

谁知人生无常,他爱他的儿子却舍不得磨炼他,只是辛苦自己,日夜在事业上奋斗,终至操劳过度。有一天,他突然一病不起,于是,眼睁睁地看着儿子无法承担家业,自己一手打造的江山无以为继。躺在床上,虽然意识很清楚,身体的功能却不听支配,实在是无可奈何,痛苦万分啊!

儿子接手家业后,生活就只有应酬,花天酒地,因为父亲早就为他铺好了财富与地位,他根本不必辛苦做事,钱财就花用不尽,所以日日高朋满座,一干人等成天只是吃喝玩乐。

金山哪可比亲恩

但是,金山银山总也有坐吃山空的时候。经过三年,家财、事业慢慢地被他散尽,甚至还背负了满身的债务。

他的父亲长年累月卧病在床,就算知道儿子的荒唐,却连心中的着急都无法表达:谁能来教导我的孩子,谁能引导他找回心中的正念呢?就这样,亲戚之间把这个年轻人堕落的消息,传到了他远方的叔叔耳中。

他的叔叔是一位心地善良的长者,因为不忍心大哥的家业败在侄子手上,所以从遥远的地方,冒着冰天雪地的天候,跋着草鞋与厚重的鞋套,来到多年不见的大哥家中。经历风霜雪冻,他的双脚都冻伤了,而且长途地赶路,使得老人疲累不堪。

侄子看到鲜少往来的叔叔,心中倒也有三分畏惧。因为古时候的人对长辈都很敬重,所以尽管他平时花天酒地,无所不为,连父亲都管不了他,但是叔叔的那分威严,使他不由得收敛起来。

看到叔叔一身憔悴,脚部被霜雪冻得肿大不堪,他就殷勤地留在家中招待叔叔,三天不敢出门。这三天的时间,叔叔一句话都没有对他说,只是默默地观察着他。三天之后,叔叔才开口说:"我要回去了。"他在这三天内过着度日如年的日子,听到叔叔要回去了,心里很高兴。

叔叔想从床上下来穿好鞋子,他很吃力地弯下腰,想把鞋套缠好,但是行动却很迟钝。侄子看了,便很自然弯下腰来,替叔叔穿好草鞋,绑上鞋套。

叔叔顺势将手搭在他的肩上,口中说着:"老了,老了!年轻的时候,我应该要好好培养事业,现在老了,什么都不行了。连自己的身体都无法照顾好,何况是其他的事情呢?年轻人啊!要知道老了就没用了。"

年轻人闻言，抬头看着叔叔，叔叔的眼神流露出严肃中的慈祥，他忽然像是触电一样，有一股无法形容的热力传布到他的心中。陡然间，他泪流满面，痛哭失声。往事历历，他反省接手父亲事业后的这段时光，父亲为他打下这么好的事业基础，但是他不曾好好珍惜，却把大好的时光、精神与体力浪费在糜烂的生活。

他心想：有一天我老了，也会像叔叔一样，感叹时光不再啊！

叔叔用心的教育，深深地启发了他，也完全改变了他。此后，他非常努力工作，终于恢复父亲为他打下的基业，并且做一个乐于付出的人，将叔叔给他的关怀与启示不断地分享出去。

这就是信力与正念的重要，有了坚定、精进的信念，即能于正行中开启智慧。

《第六行品》七觉支

择法觉支

精进觉支

喜觉支

轻安觉支

舍觉支

定觉支

念觉支

《第六行品》七觉支

【择法觉支】

观察诸法用智慧,选择教法来修行;
大乘三法善抉择,上求佛道化众生;
学佛要求于内心,分辨是真或是伪;
学习佛陀大悲心,修得七觉正道行。

【精进觉支】

心若专一无杂念,力行正道不间歇;
名利地位都虚幻,善能觉了修道法;
有情众生烦恼多,情难断而爱难舍;
四无量心无间断,分分秒秒精进中。

【喜觉支】

有理有道是真法,心得善法生欢喜;

为佛教而为众生,终此生而志不忘;

慈济精神古来有,复古佛陀再世时;

亲身力行佛真理,体悟真法得欢喜。

【轻安觉支】

有形无形都烦恼,起心动念也烦恼;

患得患失来罣碍,千头万绪总烦恼;

心专意解除烦恼,心若能定则轻安;

断除诸见烦恼时,上乘佛界没烦恼。

【舍觉支】

日常生活执著心,舍离所见念著境;
心病还需心药解,把握现在是道心;
人生犹如走绳索,甘愿来做欢喜受;
看得开来想得远,专心一意向前行。

【定觉支】

心住一境不散乱,欢喜自在心能定;
诸禅不生烦恼念,禅在生活日用间;
慈济世界感恩心,爱为天下众生生;
全力奉献无所求,坚定心意道中行。

【念觉支】

一念之心动三千,起心动念刹那间;

相入于心想生思,慈济世界为众生;

但愿众生得离苦,大爱包容地球村;

把握因缘种福田,修成正果在眼前;

但愿众生得离苦,大爱包容地球村;

把握因缘种福田,修成正果在眼前。

学佛道上,必定要坚定意志,心定志坚是学佛的不二法门。有云:"学佛乃是大丈夫事,将相难为。"这分荷担如来家业的坚定心念为匹夫所难当,所以我们必定要有毅力。

佛陀为了坚固众生的意志,使之迈向这条不二法门,所以运用种种方便法,谆谆善诱以为引导。但是,不管是小乘或大乘的教法,均不离四谛、十二因缘,以至六度万行。佛陀说菩萨的净土,就是在三十七助道品,运用这三十七种方法,从凡夫地走入菩萨的净土。前面已经说了四念处、四正勤、四如意足、五根、五力,这就是行道渐进的方法。

接下来还有"七菩提分及八正道分"。所谓七菩提分,又称七觉支、七等觉支、七遍觉支、七菩提分宝、七觉分、七觉意、七觉志、七觉支法、七觉意法,亦略称七觉。菩提就是觉,顾名思义,七菩提就是七种觉悟之法,我们可以此七法来坚定意志。

转迷成悟,心住一境

觉就是不迷,第一要有选择,所以七觉支的第一项即"择法觉支"。

我们在凡夫地,常常都是迷而不觉,所以生生世世流转六道,甚至每一天每一时刻,心念时时受到境界的诱惑,不时生生灭灭、起起落落,没有一刻安定。

要脱离迷惑,一定要选择一条清净的觉道,相对的,清净的觉道,则要以智慧来选择。"择法",选择正确的道法,择法之后即要精进、坚定去实行,所以常常有人说:"我选择了这个法门,就要永不后悔。"这就是坚定。我们如果选择了一条永不后悔的觉道,自然会走得很欢喜。

希望每天欢喜,就要每日每时每刻,每分每秒精进。所以"精进觉支",就是敦促我们精进于一条永不后悔的道路,甘愿做而欢喜受,每天都能做得欢欢喜喜,即是精进觉支的极致。欢喜我们有同志同道者,同行在菩萨道上,互相鞭策,彼此勉励。

虽然在凡夫地难免会有烦恼,不过,有了同道者相互扶持,就可以互相善解,然后得到心灵上真正的欢喜,甚至是自在轻安。处在凡夫的境界,而能超越境界,彼此善解包容,去除人我之间的烦恼,心安就身轻,所以身轻心安,就没有种种粗重的烦恼,这就是"轻安觉支"。

再来是"舍觉支",能舍弃日常生活执著心,舍离所见念著境,舍弃一切烦恼无明,则能使心镜通透澄明。舍弃烦恼,一方面能得到轻安,另一方面则是帮助我们达到定静的境界。

"心住一境不散乱,欢喜自在心能定,诸禅不生烦恼念,禅在生活日用间。"挑柴运水无不是禅,起心动念无不是禅,心静念定,耳目所见所闻,无不是自在的美景。此是为"定觉支"。

第七种方法是"念觉支"——烦恼垢尽,心定轻安,这分轻安亦立足于心存正念,时时存正念,就能时时轻安。所以正念很重要。从四念处至七觉支都不离开正念,有正念,才有正定,心念才会定静下来，才能真正舍掉一切人我是非、物欲境界。

七觉支虽然是七种方法，其实都离不开一念——意志。意志的培养，第一就是要选择，选择之后要精进，在精进中自然能得到法喜，时时法喜日日轻安。在轻安中存正念，有正念自然就有正定，有了正定心不动摇，就不受欲念或人我是非、名闻、功利等等的诱惑，舍掉一切心中的执著，自然是更加轻安自在。

说起来很复杂，不过，照这样连贯起来也很简单，只要我们坚定意志，所选择的是正确的道路与方法，其他就没有困难了。

今生难舍，前世夫妻

佛在世时，僧团中同样有一些心存烦恼的弟子，某一次在给孤独园里，比丘们同样遇到一件法友间的问题——当时有一群上了年纪的人,是一群在家修行的老道友,他们在社会上都很有名望,平时的志愿亦相投。同样有一分善心,同样是在事业有成之后勤行布施,常常供养佛僧、布施穷苦,可说是一群志同道合的在家修行者。

这群道友常常聚在一起论道,也常常在供养佛僧之后,把佛陀的开示提出来互相讨论。有一天,他们又聚在一起研讨佛法,说着说着,其中一位长者就叹了一口气!

大家见他这样,都关心地问他为何叹气?这位长者便语意深长地说:"在座的大家都已经上了年纪,看看我们庸庸扰扰一生,在世间忙忙碌碌,虽然家境都很安定,怎奈岁月不待,我们的生命到底还剩下多少?与其等待生命的终结,何不现在就舍去家庭,到僧团中随佛陀出家,以求取永生的慧命。"

长者这么一说,其实这些道友们心中都有同感,年龄一大把了,真的也要为未来着想,所以他们也都同意选择出家。说做就做,于是他们一起来到佛陀面前,向佛陀请求出家,佛陀慈悲也就允其所请。

孰料出家之后,这一群向来在家中享受惯了的年老比丘,相对于过去富有物欲的生活,忽然间出家,要与僧众们同样过着三衣一钵的清贫生活,实在是很困难。尤其是每一天的作息,每天都要出外托钵,这让他们最觉得难以适应,久而久之,他们干脆自己在精舍附近盖了个小精舍,脱离僧团独立生活。

但是,这群人要如何独立生活呢?当时其中一位比丘就说:"我家夫人很会料理家事,也很会料理饮食,我回家去拜托太太为我们张罗三餐。各位觉得好不好?"

　　大家一听全都点头赞成。能从这位比丘的俗家每天送伙食过来,真是两全其美的方法,所以大家共同合资,每天的伙食就由这位比丘俗家的太太来张罗。这样的安排确实不错,每天的饭菜都很可口,大家也觉得十分适意。

　　可惜过了不久,这位夫人就往生了。夫人往生之后,这群老比丘们每日的饮食顿失着落,少了这么一个人为他们料理,他们的生活好像忽然间没有了头绪,所以大家都悲伤地哭了。愈哭愈伤心,大家互相拥抱大声哭叫。哭声传回到僧团所在的精舍,僧众中有人就循着声音去寻找,结果发现这一群初出家的老比丘,就问他们:"到底发生了什么事?你们为什么事痛哭流泪呢?"

　　其中一位老比丘就激动地说:"向来我们生

活的依怙者,忽然间往生了。我们不知道怎么办,所以很惶恐、很悲凄。"前往探查的比丘听了,也不知道要如何劝解。回到精舍,大家就集中在法堂议论:"既然这群老人已经来出家了,就应该在僧团中生活,现在他们在精舍外独立生活,而且又发生这种事,到底要如何劝导他们呢?"正在议论时,佛陀来了,就问他们:"发生什么事了呢?"

比丘们把这件困扰的事向佛陀禀告。佛陀听了摇摇头,很慨叹地说:"比丘啊!这件事不只是发生在现在。"话说从前,在一个海边的树林里住着一群小鸟,其中有一对鸟夫妻,它们很相爱,每天都出双入对一起去觅食。

有一天,附近的村庄中因为海龙王圣诞,村民们家家户户都准备了丰盛的东西,来到海岸边祭祀,有乳酪、米饭等等很多食物。祭拜完后,村民回去了,东西就放在原地,这对鸟夫妻看到海岸边有这么多食物,就飞过去吃乳酪、吃饭。口渴了,那里有酒,就把酒当成水喝了。喝了之后有点醉意,这两只鸟又饱又醉,就在海面上飞翔游戏。

刹时间,突然有一波大浪掀起,母鸟来不及飞走,硬生生被大浪卷走。公鸟在海面上不断地找啊,飞啊!却再也见不到母鸟的影子,它一直不肯放弃地找啊,找啊!不断发出悲鸣的声音。

其他的鸟儿听到了,都围过来关心,知道母鸟不见了,一群鸟儿就随着公鸟在海面上不断地飞啊,飞啊!不断地悲鸣。这时,其中有一只鸟就说:"平常母鸟很温驯,都会为别人设想,是鸟群中最受喜爱的,现在不幸被海浪卷走了,我们大家赶快合力把海水吸干,看能不能找到母鸟？"一群鸟也认为有理，大家就用力地吸，希望把海水吸干。

但是，鸟怎么能吸干海水呢？虽然它们很努力，已经吸得两颊都酸痛了，尤其是海水很咸，吸久了口渴了，就到海岸边休息。回头一望，海面上还是一波波的巨浪翻涌，出了这么大的力气来吸海水，还是无济于事啊！

道心不坚，法喜难生

佛陀说到这里，就对比丘们说："比丘啊！以前的这对鸟夫妻，其中的公鸟就是现在请夫人料理伙食的老比丘，而那只母鸟就是侍候他们，帮他们料理生活的夫人。他们生生世世就有这种愚痴，虽然有那分追求佛法的道心，能够选择正法，但是他们欠缺精进心，因而无法生起法喜。

他们虽然懂得出家,但是没有精进心,也不得法喜心,所以他们的身心无法轻安,心念就无法坚定。不能舍弃世俗生活的结果,到头来,还是一样苦恼不堪。"

学佛就是调适心念,孔子说"己欲立而立人,己欲达而达人",我们处在人间,一定要有宽阔的心胸。例如看到别人有成就,自己也觉得光荣;见到人家快乐,就是我们最快乐的时刻,这就是宽阔的心胸,也就能时时"轻安自在"。

但是凡夫心,总是嫉贤妒能,看到别人表现优秀,心里就不舒服;别人的能力好,就忍不住嫉妒。这种凡夫心态实在狭窄可怜,无法容纳好的人,优秀、成功的人,当然也就接触不到美好的事物。

佛陀在世时,有一次来到一个城市。城里有一位长者很善良,有爱心,可惜受到城里尼犍外道所左右,常常灌输他不正确的观念,所以长者一直无法接触正法,修习正道。只是一味愚迷地信奉、护持这个外道团体。

佛陀慈悲,觉得这么好的人,信仰却偏差了,实在值得怜悯,就决心到城中去度化他。

尼犍外道听到这个消息,知道佛陀要来就很紧张,他知道佛陀与弟子们一旦入城,自己的学说就站不住脚了,城里所有的人,一定都会受到佛陀感化而归向佛。如此一来,自己的声望势必受到打击。

尤其失去善心长者的护持,自己和跟随众又何以为生?所以就先下手为强,赶紧去对长者说:"听说瞿昙沙门带着弟子们往城里来了,你可知道,这个僧团是一个非道的团体,他们都是抛弃父母、抛弃妻子、家庭,到处东奔西走的人。这些人行于非道,都是不吉祥的人,如果让他们进入城中,就会降下五谷不登、气候不顺的灾祸,对人民的损失很大。我们要赶快想办法,阻止瞿昙的僧团入城。"

长者一听,内心很惶恐,如果真像尼犍外道所说的,那真的是很不吉利。于是赶紧问道:"那么,以你的意见,我们要如何防止瞿昙的僧团入城呢?"

尼犍外道就对长者说:"我知道他们的生活形态,僧团所到之处,需要休息的地方,山林树下、有清水的地方,是他们最喜爱的。我们可以把丛林全砍伐掉,让他们没有地方住;在清水的源头,也用污物堵死,让他们来了没水可喝。出入的城门再放一些刀枪器械来抵挡,这样就能阻止他们进来。"

长者觉得这也是一个办法,就叫人将茂盛的树,全都拦腰砍下半截;在清净的水源头,也塞进一些很脏的东西,又在出入的要道,置放刀枪弓箭来吓阻僧众们。

佛陀一路走来,就听说长者的举措,但是慈悲的佛陀,却更加生起悲悯,觉得凡夫实在是很无知!因此,虽然是心痛,他还是一样继续向前行。

几天后,佛陀来到这个城市,进入城里,果然每条水道不是堵塞住了,就是受到污染。僧众们来到郊外,树木也果真都被砍断,没有树叶可以遮蔽,但是,他们还是在这里住下来了。

弃恶就善,大地祥和

说起来很不可思议,一天、两天、三天、四天、五天,到了第七天,已经剩下半截的树身不断发出新芽,树叶不断生长,树枝也不断蔓延出去,不久,又长出许多茂盛的绿叶。虽然有几天缺水,但是第四天后天空就下起雨了,水源头的污染物全被冲得干干净净,水流清澈无比。

树木生长绿叶,水沟满了,野草野花摇曳生姿,整个市郊生机勃勃,尤其是结穗的稻、麦也都饱满下垂,一片丰收的气象。人民惊觉僧团的到来,带来多么吉祥的瑞相,跟尼犍外道说的完全相反。原来大家都被骗了!

长者看到这样的景象,也明白自己过去的迷误,就带着欢喜的心,与城中的百姓一起来到树林下瞻礼佛陀。佛陀庄严地坐在那里,看到长者与人民到来,就微笑地向大家招呼。

长者看到佛陀,不由自己地五体投地,礼敬佛足。佛陀微笑颔首,开始为大家讲说"五戒十善"之法,也对大家分析,信仰一定要有正知正见。长者等人心开意解,即向佛请求皈依,舍弃偏邪的外道,成为佛教的护法。

这段故事是个很好的例证,哪怕是修行者,也可能产生偏差。当初印度的许多外道教徒,虽自以为是在修行,却缺乏"七觉支"的思想指引,以致选择错误,不得正见正行,这种患得患失的心态,哪里能够舍弃物欲,得到真正的欢喜与轻安自在。

不过,不管遭受什么样的毁谤障碍,佛陀还是以平常心冷静面对,以慈悲与智慧一一开导施教。

佛陀说:"人啊!往往都是心理作祟。魔并不在身外,多数都是心魔。"人有心结,心中嫉贤妒能,怕别人比我们优秀,怕别人比我们受尊重,这都是凡夫的心态。

佛陀的教育是慈悲。慈,就是让人快乐;悲,是拔除人的苦难,能让人人得到欢喜,快乐自在,人与人之间能尊贤敬老,这就是佛陀对我们的教育。不要常常站在凡夫地,用凡夫的心来看待一切。打开心门,你会看到海阔天空!能面对境界而不受障碍,降伏内心的魔障,距离佛道的目标就愈来愈近了。

举出这个例子,我们就知道七菩提分,在生活中是相互连贯的。起于择法,只要我们认为是正确的选择,就要尊重自己的选择,并且时时刻刻鞭策自己精进求法,有精进才有感受的欢喜,才能得到轻安。在日常生活中存正念,不被周围的环境所摇动,才能生出定力,帮助自己舍弃过去、现在的烦恼。

因此,这分坚定的意志非常重要,尊重自己所选择的道路,那就要精进不息。万法唯心,大家既然选择了这个法门,就要时时用心。

《第七行品》八正道

正见

正思惟

正语

正业

正命

正精进

正念

正定

《第七行品》八正道

【正见】

心正行正修行人,修行要修无漏道;
心境佛境合为一,真空妙有无上道;
一勤天下无难事,贡高我慢烦恼生;
苦集灭道四谛法,真正宁静是涅槃。

【正思惟】

四谛十二因缘法,三无漏学戒定慧;
用心力行闻思修,累积福缘与慧业;
人在六道中受苦,反复轮回无明起;
如是因缘如是果,日常生活正思惟。

【正语】

最易造业因是口,开口动舌都是业;
远离虚妄不实语,缺角杯子视为圆;
心存道念智慧生,最终目标是修行;
一句戏言种因果,无漏智慧摄口业。

【正业】

修身养性来学佛,培养耐心与耐性;
心正念正见解正,无漏智慧修摄身;
道业常在正道中,断除一切邪妄行;
回复清净的本性,娑婆世界好修行。

【正命】

修学佛法要正命,守本分抱欢喜心;
有缘感触求真理,回归本性见实相;
学佛要去妄回真,一理通则万理彻;
出自内心本分事,正命慧命自然现。

【正精进】

戒中修定定成慧,专心一意在成佛;
道心不可来间断,发心力行有恒心;
禅在日常生活中,走入众生群中去;
一勤天下无难事,守志奉道正精进。

【正念】

多散众生数息观,多贪众生不净观;
多瞋众生慈悲观,愚痴众生因缘观;
多障众生念佛观,基础在于戒定慧;
请转逆缘为善缘,行兹在兹有正念。

【正定】

摄诸心念正定法,心不移动能静定;
心静定则道能通,正信才能够正定;
万法本来无所住,正住真空道理中;
动静皆寂为贤相,正确修行菩萨道;
慈济世界感恩心,爱为天下众生生;
但愿众生得离苦,大爱包容地球村;
大爱包容地球村,大爱包容地球村。

学佛就是要学得心静,要如何调整我们的心思业行,这就是修行最重要的目标。

佛陀成道之后,好几次回到他的国家迦毗罗卫国,每一次回去,国内的大臣、长者、贵族都踊跃前来听法。大家每一次闻法亦皆法喜充满、皆大欢喜,所以佛法在佛陀的出生地非常兴盛。人人口口相传,知道人生最快乐的就是内心的欢喜,内心的欢喜则来自于佛陀的教法,所以能得到法喜充满,这是人生最快乐的事。

很多人接受佛法后改变习气,原来的生活形态因而改善。但是当时的印度,除了四姓阶级之分,男女之间的地位更是不平等,大多数的女人都没有亲闻佛法的机会。于是有很多妇女就感叹:"我们到底是因为造了什么业而生为女人,以致不得亲近圣者,听闻佛陀的教法?"

这些声音慢慢传到皇宫里,释迦佛的姨母

摩诃波阇波提觉得十分同情，下一次佛陀回宫说法时，她就提出这个问题来请示佛陀："佛陀啊！迦毗罗卫国的男人，能有机会听到佛陀说法，使得他们改变习气，过着快乐的日子。但是，还有很多充满烦恼的女人，她们十分自卑自怨。为什么她们无法同来听法呢？"

佛性平等——妇女亲聆佛法

佛陀听了摩诃波阇波提的疑问，就向国王请求，下令传达国内所有的妇人，都能前来听法，因为佛性平等，妇女也应该有修持佛法的权利。国王接受了佛陀的建议，就下令家家户户，不分男女贵贱，凡是有心之人，都有听闻佛法的机会。

此令下达，许多妇女同来听法，佛陀即为她们分析"四圣谛"——苦、集、灭、道及"八正道"

等等的道理。

人生生命无常多变,所以有种种苦难,苦的原因来自于集,集了种种善业与恶业,造善业得福报;造恶业得恶报,所以在社会上有人是贵族;有人是贱族,有人富贵,有人贫穷,这都是过去生中所造业因,今生所受之果。

过去造恶业的人,今生集了种种苦因,以致生活困窘,心灵不安,现在懂得了这个道理,就要好好地忏悔迁善,以灭除过去的恶业,断除贪、瞋、痴、慢、疑等等恶习恶念。

消灭恶念,一定要修行于道,我们要修一条康庄大道,修一条直往菩萨、佛境界的觉道,这条觉道其中包含八种方法,称为"八正道",即正见、正思惟、正语、正业、正命、正精进、正念、正定,是为通向涅槃解脱之正确方法与途径。

这八种正业,就是用来灭除八种邪业。邪,

就是恶；正，就是善。我们一定要用正确的见解来面对人生，否则见解一偏差，方向差毫厘而失千里，所以有句话说："苦在哪里？烦恼在哪里？一切只是观念而已。"

八正道分

观念就是见解，我们的观念如果正确，见解就没有偏差，见解不偏差，行为就会正确。在人我事物中，最重要的就是见解观念，我们一定要好好地注意自我的观念见解，必定要正确，所以需要的是"正见"。包括我们的信仰在内，都要合于正知正见。

正见之后再深入，要具备"正思惟"，光是看到事物表面所得悉的印象，如果没有经过缜密的思惟，只是一时的见解，这样不会深入。我们常说"把握当下，恒持刹那"，当下就把握当然是正确的，不过，我们更要恒持刹那，这一定要透过缜密的思惟，才能把握住正确的事物。如果欠缺思考，思想往往就会偏差；思想一偏差，行动、方向就会错误，所以我们一定要有正思惟。

再来要"正语"。常说，"祸从口出，病从口入"，所以我们要好好修口业，说话不要开口恶言，或是绮语、两舌、妄语，这都不是一个修行者应该有的。修学佛道要真实语，要柔软语，所说的话要诚信不欺，不得搬弄是非，这都叫做正语。

平时用来沟通的语言不一定要很深，只要让人听得懂，体会得到，要能引导人向正道走，不要让人迷惑。如果对方产生迷惑时，我们就以正见、正思惟化深为浅，好好来引导他。口中所说的都是好话，可以解除他人心中的烦恼，可以打开人的心结，不只是一时，还可以循循善诱，让他跟我们一样就于正道。

语言是度众的工具，我们要劝诱人，就要使用语言与众生沟通，有互相的沟通，才有办法转变，所以我们要时时深思，然后深入浅出，用可以影响人、转化人心的语言去教导众生。平时说话，不要说一些没有用的话，浪费时间，也伤人感情；我们说话要多思考，怎样才能让人心开意解，让人欢喜，自己也能轻安。

如果谈人是非，不只是伤害别人，自己也受伤害，说了一些不利于他人的话，自己也会耿耿于怀，所以我们说话要用心。在十善业、十恶业中，身三、口四、意三，口业就占了四分。

只不过是开口动舌而已，影响就这么大，所以我们要时时用心啊！"正语"是这么重要，大家说话要很慎重，说话也代表我们的人格。语言是人我之间的桥梁，也是结好缘的关键之一，所以请大家不要说没有用的话，无意义的话不要说，这就是学佛，在日常生活中运用得到的，必定要很慎重。

还要有"正业"，业就是造作的意思。做什么事是对人有利益的，对人有利益的事我们去造作，这就是福；如果对人无利益，一切的造作一偏差，那就是恶。业的包含面森罗万象，我们的日常动作中，开口动舌、举步动足、起心动念，所显现的一切动作，都包括在行业之中。

我们既然学佛了，一切的动作一定要很慎重，不要做损害别人，也不利自己的事。要为人群谋福利，要帮助有所需要的人，维持生活的行业就要好好选择，选择不损害众生身心的行业，并且取诸社会，用诸社会。

一切造作无不是在业中，我们所选择的生活形态必定要很慎重。人在世间一定要生活，生活就要谋生,谋生创业懂得选择正确的事业,就能对人群、对自己都有利益,绝对不要为了自己一时的利益,而去从事损害别人的事业,这就叫做正业。

接下来的"正命",是我们生活在世间的目标,以及生命的价值观。有的人以名闻利养为生命的价值,这是大大的错误。生命真正的价值,是能利益众生,这种生命才是真正有价值的生命,所以活在人间,却不懂得好好运用宝贵的生命,就是空过人生。

难得来人间,得了人身实在是不简单。有一句话不是说"人身难得,一失人身万劫难再",此生不珍惜,下一世是不是还能再来做人呢？不一定,要看我们造了什么样的业。所以,难得人身今已得,更有福的是难闻的佛法今已闻,生命是多么宝贵,"此身不向今生度,更待何生度此身"?

　　既然有了生命，身体就是载道器，这个身体只有活着时才有用，要如何修福修慧，要如何踏上圣人之道去修行佛法，这也是很重要。常常说，生命没有所有权，只有使用权，对于生命的价值观，应该要好好衡量，好好规划。

　　若是不为生命好好规划，就会杂乱无章，所造的都是杂乱的业。我们应该好好爱惜自己的生命，时日不断消逝，生命随着四季轮转，岁月推移，生命不断老化，但是，我们如果能将生命运用得当，慧命就会不断成长。

　　"身是载道器"，道，引领我们行在菩萨道上，向佛的境界迈进，这就要靠生命，好好运用才能成长慧命。人生无常，我们对生命真的没有所有权，却有使用权，修行就是要靠身体力行，我们对生命的观念正确，此即是正命。

第六是"正精进",既然已经发心,而且思惟正确、观念不偏差,就要奋发精进的力量,不要原地踏步。原地踏步不能精进,我们永远都会流浪在凡夫地。因此,选择了正确的善事志业,或是学佛的道业,一定要赶快精进,方向对了,就要精进向前不退转,把握时间,分秒必争,累积我们的道业。所以我们一定要精进,不要懈怠。

第七是"正念",念头十分重要,三十七道品一路说到这里,每一法都不离于念,念,要念念正确,选择正确的道路,观念要始终,我们要始终一贯,坚定意念。时时刻刻保持正念,以免一念偏差,就一生错误,所以要分分秒秒精进于修持"正念"。

最后是"正定"。我常常对大家说要把心照顾好,事事要多用心。这就是要大家时时顾好一念正确的念头，正确的念头抓得住，才能入于正定。正定，并不是整天打坐，坐得纹风不动就叫正定，正定是能决定我们的心念，不受世间邪恶势力的影响。我们选择应该走的道路，精进于善业、菩萨道，这念心就不会受制在世间的种种名闻利养。

六度万行

人生几何？一颗心常常定不下来，时时在变迁，每件事一再重新来过，那有多辛苦啊！学道，从选择之后，必定要把握方向，精进坚定，专心一念向前迈进，所以定是很重要的。

在"三无漏学"中，戒为首，再来是定；有了定，才能产生慧，所以戒、定、慧，就是三无漏学。诸位，圣人的道路，离不开这八种正法，从正见开始，一直到正定，缺一不可，三十七助道品就是这么简单,没有离开我们生活中。

佛陀对前来听法的妇女们,讲说完四谛法及八正道法。佛陀再度告诉大家:这八种正念安定之后,就能力行菩萨道,人人都能修菩萨法,亦即是布施、持戒、忍辱、精进、禅定、智慧;人人都能成菩萨,人人都能成佛,这是人天共修的道路。

这就是佛陀慈悲的开示,佛陀的平等观,不分男女,不分贵贱,这就是佛性的清净。

学佛需要耐心、精进,老老实实,一步一脚印按部就班,这是我们学佛应该要有的态度。不管环境怎么样,人与事之间,一切的一切都要从心调伏,不要受环境影响,我们如能心定,一切的道路就不难行,最重要的是需要"一念心定"。

心能定,就能按部就班,前后有序,让我们的心念专一。佛法其实不是很深,在我们身边的见闻中，就能印证佛陀的教育。但是，如果只是吸收而不去体会，更不想去应用，就算在文字上了解得再多，这些道理还是一无用处。所以，佛法一定要用在日常生活中，在人事物间磨练体会，懂得运用它，佛法就很简单。

八正道是圣人之道，人人如果能善用这八种法，就能达致圣人的境界，所以八正道还有一个名称，叫做"八圣道"。

从四念处的"观身不净"开始，一直到精神理念坚定，始终一贯，这就是修学菩萨道的境界，请大家要好好爱惜这片菩萨行者的净土。心与行时时要多用心，心念正，行为就正，这是圣人与凡夫共通的道理。

修行如初——迦叶尊者的苦行

佛世时，在给孤独园这个环境，佛陀的弟子

们都生活得非常安心自在,早上去托钵,下午听闻佛的教法,这是多么安定的境界!但是也有些弟子游化在外,其中的迦叶尊者更是长年如此。

虽然他的年纪已经很大了,现出了老态龙钟的形态,但是他的精神矍铄,仍然坚持过着游化诸方、平淡乞食的生活。有时宿在大树下,有时在坟墓边;时而在乡下,时而在聚落,不管是群居聚落或是很偏僻的乡下,甚至荒郊野外的坟墓、山林树下,对他来说完全一样,内心一点都不会起分别。

那些境界,对他而言都是优美的心灵境界,因此,他坚持这种生活方式。有一次,他来到距离给孤独园不远的地方,想到去向佛陀请安,就真的回到佛陀面前,向佛顶礼。佛陀看到弟子游化回来,也很高兴。

这么久不见了,佛陀看看迦叶尊者已经年

老,身体衰迈,佛陀起了怜悯心,像是慈母见到游子归来,舍不得他长年流浪,以致身体衰弱。就赶快招呼他:"上前来,迦叶!这段时间在外头很辛苦吧!你已经年老了,不要再到外面流浪,以你的德行与修养,已经堪受长者们的供养,你不要再到外面托钵游化了。"

迦叶尊者听到佛陀的关怀,也很欢喜。但是他冷静地回答:"佛陀啊!我一向很感恩佛陀,因为佛陀出现人间,让我有机会通达道理,走入正确的道路修行。我知道走入正道,要了解四念处、四正勤、四如意足,我也了解五根、五力、七菩提分、八圣道分,这些教法都是佛陀的智慧。我感受到这是佛陀出现人间所铺设的正道,我也依照这条路在走,现在内心安住,一切无所畏惧,我还是想过这种自然的人生。

"尤其我很担心,心念一旦开放,接受别人

的供养,恐怕会迷失。如果不是佛陀出现人间,我所修行的境界,再高也只不过是辟支佛的境界;今生得遇佛陀,我应该要超越,顾好我的身心。所以,只要我还能动的一天,体力能自如的时刻,希望还是能保持这种苦行,这可以让人人知道人生本来是苦,苦中能安住这念心,就不觉得什么是苦了。感恩佛陀的慈悲与关怀。"

我们从这段故事中,能体会当时修行者的生活形态,佛与弟子同样是人,跟常人一样有老病时。人老了,身体的气力会衰弱,形态看起来就老迈龙钟。佛陀虽然超脱一切,但是对弟子的感情,同样有一分关怀。这就是佛陀在世时,与弟子生活中的互动。

与佛同世——与佛同识

世俗人在世间往往只是追求享受,但是修

行者所追求的，是那分清净的境界，生活中的享受，不是修行人所需要的。我们离佛世已经很远了，印度与台湾在地理上的距离也很远，但是在心理上，应该要永远与佛同世，与佛同识，要心中有佛，依照佛陀的教法，做到"修行如初"。

　　迦叶尊者就是坚持修行如初，当他发心修行时，佛陀的教法是游化人间，日中一食，三衣一钵，树下一宿，这都是他年轻时，佛陀的教育，他就一直坚持下去。所以，一心一念一志非常重要，在我们日常生活中，要好好把心顾好，这就是修行。请大家守住一心，同时要护住一念，不要受到周围环境的感受，而摇动了我们的道心。

结　语

在人世间"观受是苦",很多佛教徒都说我要修行,我要超脱六道,不要再来六道轮回。大家都不想来六道轮回,如果六道都消除了,那么自然就不用再来了,但是可能吗?目前还是不可能。所以说我们的世界是娑婆世界,娑婆就是堪忍,堪忍的世界。

来到这里要学会忍耐,世间是苦,因为劫浊、见浊、烦恼浊、众生浊、命浊此五者纠缠不休。浊,就是不干净,就是烦恼;劫是长时间,长时间充满烦恼,充满苦难,总是苦不堪言。

慈济是道场

慈济是一个道场,我们要福慧双修,首先要

守好自己的戒律。慈济人要守十戒。前五戒是佛陀所制定，其他的五戒则是因应时代不同，学佛修行者所应遵循的方向。

现在的社会要如何使之祥和，就从守戒开始，要净化人心就是要心中无污染；要心中无污染，就要在行动中不犯错，不犯错才不会有污染，所以戒很重要。我们要学佛，不要当自了汉，记得要以出世的精神，做入世的"志业"。

假如有出世的精神，就会与人无争，与事无争，与世无争。与人无争，则人圆；与事无争，则事圆；与理无争，则理圆，人事理都不争，就可以海阔天空，就可以做到及时造福。

福，在智慧中成；智慧，也要在福中求。所谓不经一事，不长一智，我们要用开阔的心，与人无争，才能具备德行。

常说"功德无量"，功就是内能自谦，自己已经下了功夫,还要常常警惕自己,缩小自己。要缩小到能进入别人的眼里、心里,占一个很重要的位置,这才是真功夫。外能礼让就是德,缩小自己,对人有礼有敬有让,这才是修学的根本。

我们的使命,就是佛陀的精神——净化人心。接引众生,要以爱以行动,缩小自己来礼让别人、尊重别人,把慈济的精神撒播给他,让他感受到如沐春风。他就会跟着你一起行动,一起推动。

人我之间,有一念善念起,要赶快让它增长;未生的,要尽量去启发,让这一颗善的种子,在我们的心田下种生根。还要做一个心田的农夫,不要让心田中的杂草丛生,杂草一生,好的种子就被破坏了。希望大家的这亩心田好好地耕耘之后,能很快收成。

收成后,不是放在仓库的布袋里,仓库里老鼠很多喔!

黑白二鼠！

大家是否听过一个故事,有黑白二鼠,白鼠代表白天,黑鼠代表夜晚,白天与黑夜,黑白鼠都不断在啃咬我们的慧命。虽说观身不净,但是身体也是载道器,我们要赶快利用生命,去发挥人生的使用权。切莫有了福慧种子,却不及时播种耕耘,放在仓库里就被黑白鼠咬光了,布袋破了,种子没了,这就很可惜了。

要记得四正勤,正就是不偏邪,人生的道路差之毫厘失之千里,所以心中的正念要把握好,勤就是要精进认真。时间分分秒秒都不会为我们停留,因此要分秒不空过。

明天与无常谁先到?

不见得每个人都还有明天。

有一天,阎罗王感觉最近来到地狱的人怎么愈来愈少!就邀集牛头马面小鬼等一起来想办法,让世间多一些人下地狱。牛头首先提出建议,就说:"我去告诉世人做善事不会上天堂,因为根本没有天堂。"阎罗王听了,不是很满意。

接下来马面就说:"那么,我去告诉世人为恶不会下地狱,所以不必有所忌惮。"阎罗王觉得这也不吸引人。于是狱卒们大家你一言,我一语,都来表达自己的意见和提议。但是,阎罗王还是摇摇头,这些办法都不好。

这时,群众中窜出一个小鬼,脸上透着一股奸诈,就说:"报告阎罗王!我来告诉世间人说,'你还有明天'。世间人总是认为还有明天,所以就不积极,为善不积极不就会堕落了吗?"阎罗王听了抚掌大笑⋯⋯

这虽然是一个故事,却是深深令人警惕。所以,我们不要常常认为今天不做,明天再做,反正还有明天!明天还有明天的明天,但是都没有想到无常。到底是明天先到,还是无常先到,这都是不可预知的事。所以我们要把握当下,恒持刹那,在观念上真正多用一点心。

这个世间仍然充满希望,只要我们殷勤认真,朝着正确的方向精进不懈怠。这样的话,世间就有希望。

慈济人啊!希望大家常常警惕自己。慈济的四大志业以慈悲喜舍为本怀,慈是慈善,悲是医疗,喜是文化,舍是教育,这是外在的行动。内心的精神则是诚正信实,学佛无非是要学习诚正信实的胸怀,我们的外在与内涵一定要内外合一。

诚正信实是内修,慈悲喜舍是外行,推动慈

善、医疗、教育、文化,这是人世间不可少的四件事情。请大家要多学习。佛陀曾经教示世人:"学我所说教,行我所行道,虽离我千里,亦如同处一室。"最后我们便以此共勉。

图书在版编目(CIP)数据

三十七道品偈诵释义/释证严讲述.—上海：复旦大学出版社，2011.3(2022.8 重印)
(证严上人著作·静思法脉丛书)
ISBN 978-7-309-07941-8

Ⅰ.三… Ⅱ.释… Ⅲ.佛教-人生哲学-通俗读物 Ⅳ.B948-49

中国版本图书馆 CIP 数据核字(2011)第 023600 号

慈济全球信息网：http：//www.tzuchi.org.tw/
静思书轩网址：http：//www.jingsi.com.tw/
苏州静思书轩：http：//www.jingsi.js.cn/

原版权所有者：静思人文志业股份有限公司授权复旦大学出版社
独家出版发行简体字版

三十七道品偈诵释义
释证严　讲述
责任编辑/邵　丹

复旦大学出版社有限公司出版发行
上海市国权路 579 号　邮编：200433
网址：fupnet@fudanpress.com　http：//www.fudanpress.com
门市零售：86-21-65102580　　团体订购：86-21-65104505
出版部电话：86-21-65642845
上海崇明裕安印刷厂

开本 890×1240　1/32　印张 7　字数 68 千
2011 年 3 月第 1 版
2022 年 8 月第 1 版第 4 次印刷
印数 10 301—12 400

ISBN 978-7-309-07941-8/B·384
定价：26.00 元

如有印装质量问题，请向复旦大学出版社有限公司出版部调换。
版权所有　　侵权必究